P9-CQZ-509

Schaum's Foreign Language Series

Communicating in Spanish

Intermediate Level

Conrad J. Schmitt

Protase E. Woodford

McGraw-Hill, Inc.

*New York   St. Louis   San Francisco   Auckland   Bogotá
Caracas   Hamburg   Lisbon   London   Madrid   Mexico   Milan
Montreal   New Delhi   Paris   San Juan   São Paulo
Singapore   Sydney   Tokyo   Toronto*

Sponsoring Editors: John Aliano, Meg Tobin
Production Supervisor: Denise Puryear
Editing Supervisors: Patty Andrews, Maureen Walker

Text Design and Composition: Literary Graphics
Cover Design: Merlin Communications and Amy E. Becker
Illustrator: Ray Skibinski
Printer and Binder: R.R. Donnelley and Sons Company

Cover photographs courtesy of the Tourist Office of Spain

Communicating in Spanish   Intermediate Level

Copyright © 1991 by McGraw-Hill, Inc. All rights reserved. Printed in the United States of America. Except as permitted under the Copyright Act of 1976, no part of this publication may be reproduced or distributed in any form or by any means, or stored in a data base or retrieval system, without the prior written permission of the publisher.

2 3 4 5 6 7 8 9 10 11 12 13 14 15 **DOH DOH** 9 8 7 6 5 4 3 2 1

ISBN 0-07-056643-7

Library of Congress Cataloging-in-Publication Data
Schmitt, Conrad J.
   Communicating in Spanish. Intermediate level / Conrad J. Schmitt and Protase E. Woodford.
      p.   cm. — (Schaum's foreign language series)
   ISBN 0-07-056643-7
   l. Spanish language — Conversation and phrase books — English.
 I. Woodford, Protase E.   II. Title.   III. Series.
 PC4121.S34   1991
483.3'421 — dc20   90-43695
                                        CIP

About the Authors

Conrad J. Schmitt

Mr. Schmitt was Editor-in-Chief of Foreign Language, ESL, and bilingual publishing with McGraw-Hill Book Company. Prior to joining McGraw-Hill, Mr. Schmitt taught languages at all levels of instruction, from elementary school through college. He has taught Spanish at Montclair State College, Upper Montclair, New Jersey; French at Upsala College, East Orange, New Jersey; and Methods of Teaching a Foreign Language at the Graduate School of Education, Rutgers University, New Brunswick, New Jersey. He also served as Coordinator of Foreign Languages for the Hackensack, New Jersey Public Schools. Mr. Schmitt is the author of *Schaum's Outline of Spanish Grammar, Schaum's Outline of Spanish Vocabulary, Español: Comencemos, Español: Sigamos,* and the *Let's Speak Spanish* and *A Cada Paso* series. He is the coauthor of *Español: A Descubrirlo, Español: A Sentirlo, La Fuente Hispana,* the McGraw-Hill *Spanish: Saludos, Amistades, Perspectivas, Le Français: Commençons, Le Français: Continuons,* the McGraw-Hill *French: Rencontres, Connaissances, Illuminations, Schaum's Outline of Italian Grammar, Schaum's Outline of Italian Vocabulary,* and *Schaum's Outline of German Vocabulary.* Mr. Schmitt has traveled extensively throughout Spain, Mexico, the Caribbean, Central America, and South America. He presently devotes his full time to writing, lecturing, and teaching.

Protase E. Woodford

Mr. Woodford is Director of the Foreign Languages Department, Test Development, Schools and Higher Education Programs Division, Educational Testing Service, Princeton, New Jersey. He has taught Spanish at all academic levels. He has also served as Department Chairman in New Jersey high schools and as a member of the College Board Spanish Test Committee; the Board of Directors of the Northeast Conference on the Teaching of Foreign Languages, and the Governor's Task Force on Foreign Languages and Bilingual Education (NJ). He has worked extensively with Latin American, Middle Eastern, and Asian ministries of education in the areas of tests and measurements and has served as a consultant to the United Nations and numerous state and federal government agencies. He was Distinguished Visiting Linguist at the United States Naval Academy in Annapolis (1987-88) and Visiting Professor at the Fundación José Ortega y Gasset in Gijón, Spain (1986). He is the author of *Spanish Language, Hispanic Culture.* He is the coauthor of *Español: A Descubrirlo, Español: A Sentirlo,* the McGraw-Hill *Spanish: Saludos, Amistades, Perspectivas, Español: Lengua y Letras, La Fuente Hispana,* and *Bridges to English.* Mr. Woodford has traveled extensively throughout Spain, Mexico, the Caribbean, Central America, South America, Europe, Asia, and the Middle East.

Preface

To the Student

The purpose of the series *Communicating in Spanish* is to provide the learner with the language needed to survive in situations in which Spanish must be used. The major focus of the series is to give the learner essential vocabulary needed to communicate in everyday life. The type of vocabulary found in this series is frequently not presented in basal textbooks. For this reason, many students of Spanish are reduced to silence when they attempt to use the language to meet their everyday needs. The objective of this series is to overcome this frustrating problem and to enable the learner to express himself or herself in practical situations.

The series consists of three books, which take the learner from a novice or elementary level of proficiency to an advanced level. The first book in the series presents the vocabulary needed to survive at an elementary level of proficiency and is intended for the student who has not had a great deal of exposure to the Spanish language. The second book takes each communicative topic and provides the student with the tools needed to communicate at an intermediate level of proficiency. The third book is intended for the student who has a good basic command of the language but needs the specific vocabulary to communicate at a high intermediate or advanced level of proficiency. Let us take the communicative topic "speaking on the telephone" as an example of the way the vocabulary is sequenced in the series. The first book enables the novice learner to make a telephone call and leave a message. The second book expands on this and gives the learner the tools needed to place different types of calls. The third book provides the vocabulary necessary to explain the various problems one encounters while telephoning and also enables the speaker to get the necessary assistance to rectify the problems.

Since each chapter focuses on a real-life situation, the answers to most exercises and activities are open-ended. The learner should feel free to respond to any exercise based on his or her personal situation. When doing the exercises, one should not focus on grammatical accuracy. The possibility of making an error should not inhibit the learner from responding in a way that is, in fact, comprehensible to any native speaker of the language. If a person wishes to perfect his or her knowledge of grammar or structure, he or she should consult *Schaum's Outline of Spanish Grammar, 3/ed.*

In case the student wishes to use this series as a reference tool, an Appendix appears at the end of each book. The Appendix contains an English-Spanish vocabulary list that relates to each communicative topic presented in the book. These topical lists are cumulative. The list in the third book contains all the words in the first, second, and third books that are related to the topic.

In each lesson, the section entitled **Situaciones** sets up hypothetical situations the learner may encounter while attempting to survive in a Spanish-speaking milieu. In carrying out the instructions in these activities, the student should react using any Spanish he or she knows. Again, the student should not be inhibited by fear of making an error.

The section entitled **Hojas de la vida** gives the learner the opportunity to see and read realia and articles that come from all areas of the Spanish-speaking world. The intent of this section is to give the learner exposure to the types of material that one must read on a daily basis. It is hoped that the learner will build up the confidence to take an educated guess at what "real things" are all about without necessarily understanding every word. Communicating in the real world very often involves getting the main idea rather than comprehending every word.

To the Instructor

The series *Communicating in Spanish* can be used as a self-instruction tool or as a supplement to any basal text. The first book is intended for novice to low intermediate speakers according to the ACTFL Guidelines. The second book provides the type of vocabulary needed to progress from a low to high intermediate level of proficiency, and the third book, from the high intermediate to the advanced level.

The series is developed to give students the lexicon they need to communicate their needs in real-life situations. It is recommended that students be permitted to respond to the exercises and activities freely without undue emphasis on syntactical accuracy.

Accompanying Cassette

The first and second books in this series can be purchased separately or with an audio cassette. All vocabulary items are recorded on the cassette to provide students with a pronunciation model. A pause for student repetition is provided. In addition to the vocabulary items, the conversations are recorded to provide students with the opportunity to improve their listening comprehension skills.

To order a book with its accompanying cassette, please specify ISBN 0-07-0911016-9 for the elementary level package and ISBN 0-07-0911017-7 for the intermediate level package. For the latest prices, please call McGraw-Hill's customer relations department at 1-800-338-3987.

Conrad J. Schmitt
Protase E. Woodford

Contents

Capítulo 1
El teléfono

Vocabulario

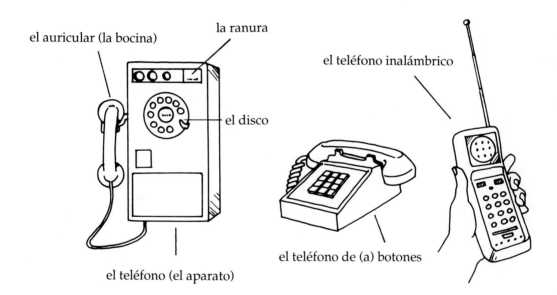

el auricular (la bocina)

la ranura

el disco

el teléfono (el aparato)

el teléfono de (a) botones

el teléfono inalámbrico

Read the following:

Para hacer una llamada de un teléfono privado:
Yo *descuelgo* (descolgar) el auricular.   *pick up*
Yo espero el *tono* (la *señal*).   *dial tone*
Yo *marco* (*disco*) el número.   *dial*

Y para hacer una llamada de larga distancia,
yo marco la *clave de área*.   *area code*

Para hacer una llamada internacional,
marco el *prefijo del país*.   *country code*

Ejercicio 1   Complete the following telephone story.

Roberto quiere hacer una llamada telefónica. Como la hace de un teléfono privado, él _____ el auricular, espera _____ y luego _____ el número que desea. Como está haciendo una llamada de larga distancia, tiene que marcar _____. Como está llamando dentro del país, no tiene que marcar _____.

Ejercicio 2   Answer the following personal questions.

1. ¿Cuál es su número de teléfono?
2. ¿Cuál es la clave de área donde Ud. vive?
3. De su aparato telefónico, ¿se puede marcar una llamada de larga distancia?
4. De su teléfono, ¿se puede marcar directamente a un país extranjero o es necesario solicitar la asistencia de un(a) operador(a)?
5. En su casa, ¿tiene Ud. un teléfono con disco?
6. ¿Tiene Ud. un teléfono inalámbrico?
7. ¿Tiene Ud. un teléfono de (a) botones?

Tipos de llamadas

la llamada local (urbana)
la llamada interurbana
la llamada de larga distancia
la llamada internacional
la llamada de persona a persona
la llamada de estación a estación
la llamada *por cobrar*   *collect*
la llamada con tarjeta de crédito

Ejercicio 3   Identify the types of telephone calls described.

1. una llamada de Nueva York a Los Angeles
2. una llamada dentro de la misma ciudad
3. una llamada de una ciudad a otra ciudad cercana en la misma zona del estado
4. una llamada de los Estados Unidos a Europa
5. una llamada dirigida a una persona definida hecha con la asistencia de un(a) operador(a)
6. una llamada por la cual pagará la persona que acepta la llamada y no la persona que hace la llamada

Comunicación

Una llamada telefónica

OTRA PERSONA	¡Hola! (¡Haló!)
UD.	¿Está el señor Guillén, por favor?
OTRA PERSONA	No, señor(a). Lo siento. El señor Guillén no está.
UD.	¿Sabe Ud. cuándo volverá?
OTRA PERSONA	Lo siento pero no sé.
UD.	¿Puedo dejarle un *mensaje* (un *recado*)? *message*
OTRA PERSONA	¡Cómo no, señor(a)! Un momentito. *(Después de un minuto)* ¿De parte de quién?
UD.	De parte de *(your name)*.
OTRA PERSONA	¿Y cuál es el mensaje, por favor?
UD.	Dígale que me llame al *(the number where you can be reached)*.

Ejercicio 4   Answer the questions based on the preceding conversation.

1. ¿A quién está llamando Ud.?
2. ¿Contesta el señor Guillén?
3. ¿Quién contesta?
4. ¿Está el señor Guillén?
5. ¿Cuándo va a estar?
6. ¿Es posible dejarle un mensaje?
7. ¿Cuál es el mensaje que Ud. le deja?

Ejercicio 5   Carry out the following in Spanish.

1. The telephone just rang. Answer it and say something.
2. Ask who is calling.
3. The person calling wants to speak with Mrs. Alvarez. Explain that she is not in.
4. Ask the person if he would like **(quisiera)** to leave a message.

Vocabulario

Read the following directions for using a public telephone:

Descolgar (Descuelgue Ud.) el auricular (la bocina).
Introducir (Introduzca Ud.) la moneda en la ranura.
Esperar (Espere Ud.) el tono.
Marcar (Marque Ud.) el número deseado.
Esperar (Espere Ud.) la *contestación.*   *answer*
Comunicar (Comunique Ud.) con el (la) *interlocutor(a).*   *party*
Colgar (Cuelgue Ud.) al terminar la comunicación.   *Hang up*

Ejercicio 6   Choose the correct completions.

1. Antes de hacer una llamada telefónica, es necesario _____ el auricular.
   a. colgar   b. descolgar   c. introducir
2. Si uno hace una llamada de un teléfono público, es necesario introducir una moneda en _____.
   a. la bocina   b. el disco   c. la ranura
3. Es necesario esperar _____ antes de marcar el número.
   a. el (la) operador(a)   b. la clave   c. el tono

4. Se puede marcar el número deseado con _____.
   a. la bocina   b. el disco   c. el auricular
5. Cuando el interlocutor contesta, uno _____.
   a. dice «¡hola!»   b. descuelga   c. marca
6. Si Ud. quiere hacer una llamada de larga distancia, es necesario saber _____.
   a. marcar   b. el prefijo del país   c. la clave de área
7. Si Ud. quiere hacer una llamada _____, es necesario comunicar con el (la) operador(a).
   a. por cobrar   b. de estación a estación   c. de larga distancia

Ejercicio 7   Complete the following statements.

1. Antes de hacer una llamada telefónica, es necesario _____ el auricular. En algunos países se usa la palabra «_____», no «auricular».
2. Si Ud. hace una llamada de un teléfono público, es necesario _____ una moneda en la _____.
3. Es necesario esperar _____ antes de _____ el número.
4. Luego hay que esperar hasta que el _____ conteste el teléfono.
5. Si no contesta la persona con quien Ud. quiere hablar, Ud. puede _____.
6. Y si no contesta nadie, es necesario _____ sin hablar con nadie.

SITUACIONES

Actividad 1

You are speaking with a telephone operator in Madrid.
1. You want to call a friend in the United States, but you do not know the country code. Ask the international operator.
2. Ask the operator to please give you the area code for Chicago.
3. Ask the operator if you can dial the international call directly.
4. The operator wants to know what kind of call you want to make to the United States. Tell him.

Actividad 2

You are spending the summer studying in San José, Costa Rica. You call a Costa Rican friend whom you met in school.
1. You know it is not your friend who answered the phone. Ask if he is there.
2. The person who answered the phone wants to know who is calling. Tell her.
3. She informs you that your friend is not in. Ask if you can leave a message.
4. Give her the message.

HOJAS DE LA VIDA

Actividad 1

Read the following message that appears on the public telephones in Puerto Rico.

NO DESTRUYAS LO QUE PUEDE SALVAR LA VIDA.
CUIDA EL TELEFONO PUBLICO.

Pretend you are walking down a street in San Juan and you read this clever announcement. You are with a friend who knows no Spanish. Explain to him what the notice says.

Capítulo 2

El correo

Vocabulario

el sello (la estampilla)

el nombre del remitente

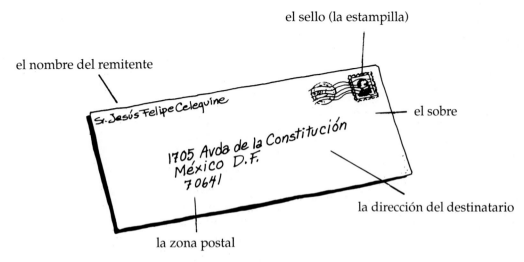

el sobre

la dirección del destinatario

la zona postal

Ejercicio 1   Identify the following based on the illustration.

1. Sr. Jesús Felipe Celequine
2. 1705 Avda. de la Constitución
3. México, D.F.
4. 70641
5. de cincuenta pesos

Ejercicio 2   Give the following personal information.

1. tu nombre
2. tus señas (tu dirección)
3. tu pueblo
4. tu estado
5. tu zona postal

El correo (La casa de correos)

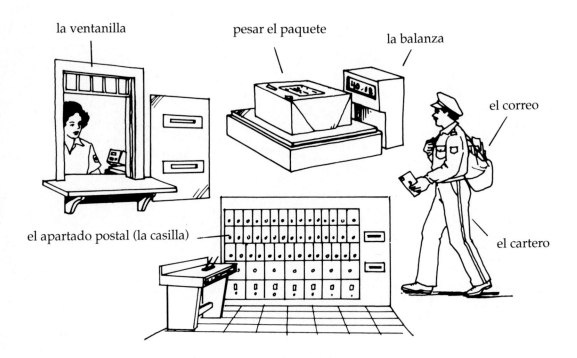

la ventanilla   pesar el paquete   la balanza

el correo

el apartado postal (la casilla)

el cartero

Read the following:

Quiero enviar la carta por *correo certificado (recomendado)*.   *registered mail*
Voy a *asegurar* el paquete.   *insure*

El cartero reparte el correo.
El correo se reparte todos los días menos los domingos.

Ejercicio 3   Complete the following statements.

1. El cartero _____ el _____ cada mañana a eso de las once.
2. Yo tengo un _____ postal en el correo. Así no me entregan el correo a casa. Yo voy
   al _____ cada mañana a recoger mi correspondencia.
3. Si quiere saber cuánto pesa el paquete, hay que ponerlo en la _____.
4. Es una carta muy importante. Yo la voy a mandar por _____.

Comunicación

En el correo

EMPLEADO	Sí, señor.
CLIENTE	Quiero enviar esta carta por correo certificado.
EMPLEADO	De acuerdo, señor. Favor de llenar este

EMPLEADO   De acuerdo, señor. Favor de llenar este
           formulario. Escriba de una manera muy clara   *form*
           en *letras de molde* el nombre y la dirección   *print*
           del destinatario.

Ejercicio 4   Answer the questions based on the preceding conversation.

1. ¿Cómo quiere enviar la carta el señor?
2. ¿Con quién está hablando?
3. ¿Qué tiene que llenar?
4. ¿Qué tiene que escribir en el formulario?
5. ¿Cómo lo tiene que escribir?

En el correo

EMPLEADO	Sí, señorita.
CLIENTE	Quiero mandar (enviar) este paquete a los Estados Unidos.
EMPLEADO	¿Quiere Ud. asegurarlo?
CLIENTE	Sí. Me parece una buena idea. Es bastante frágil.
EMPLEADO	¿Cuánto es el valor del paquete?
CLIENTE	¿El valor?
EMPLEADO	Sí, ¿por cuánto lo quiere asegurar?
CLIENTE	Ah, sí, cien mil pesos.

Ejercicio 5   Answer the questions based on the preceding conversation.

1. ¿Dónde está la señorita?
2. ¿Qué quiere mandar?
3. ¿Cómo es el paquete?
4. ¿Lo quiere asegurar?
5. ¿Por cuánto lo asegura?

SITUACIONES

Actividad 1

You are in Barcelona and you want to send a letter to Madrid. Ask someone what the zip code for Madrid is.

Actividad 2

You are in the post office in Panama City. You want to send a letter to the United States.
1. Explain to the postal clerk that you want to send it by registered mail.
2. You want to know the cost of the postage. Ask the clerk.

Actividad 3

You are visiting some friends on the outskirts of Quito, Ecuador. They are explaining to you that the postal service is not very reliable.
1. They want to know how often you get mail delivery in the United States. Tell them.
2. They want to know if many people have a post office box. Tell them.
3. They want to know if a lot of mail gets lost **(desviarse).** Tell them.

Capítulo 3

El banco

Vocabulario

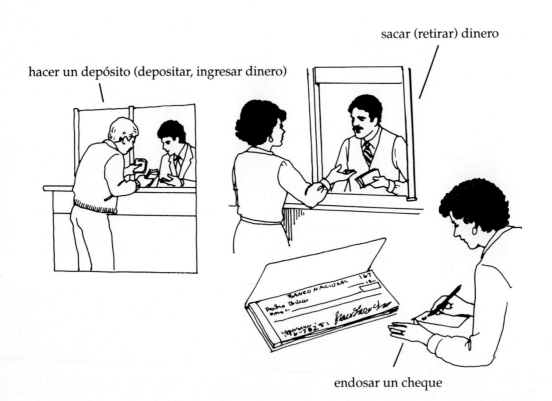

hacer un depósito (depositar, ingresar dinero)

sacar (retirar) dinero

endosar un cheque

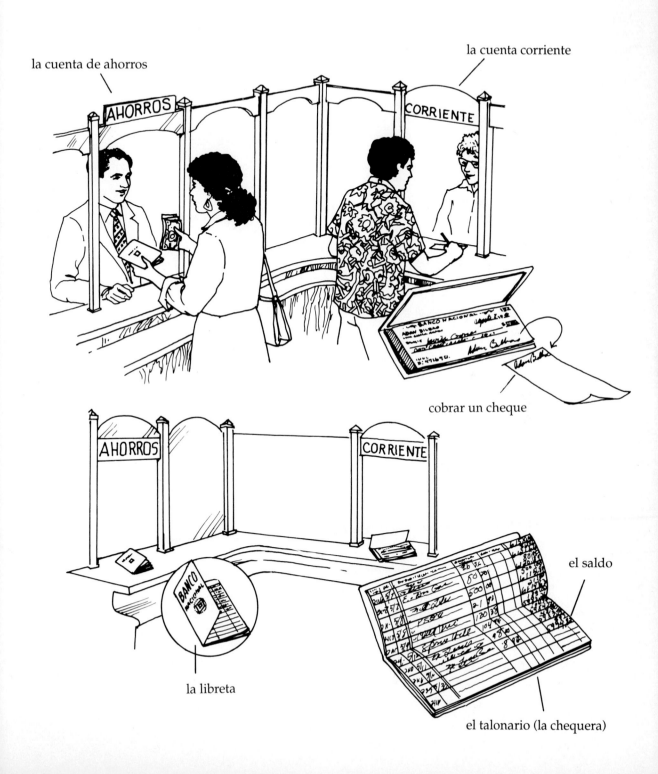

la cuenta de ahorros

la cuenta corriente

AHORROS

CORRIENTE

cobrar un cheque

AHORROS

CORRIENTE

el saldo

la libreta

el talonario (la chequera)

Ejercicio 1   Choose the correct completions.

1. Anita quiere poner su dinero al lado. Ella debe abrir _____.
   a. una cuenta corriente
   b. un cambio
   c. una cuenta de ahorros
2. Si ella quiere ahorrar mucho dinero, tendrá que _____.
   a. ingresar mucho dinero en su cuenta
   b. cobrar muchos cheques
   c. retirar muchos fondos de su cuenta
3. Anita prefiere no pagar siempre con dinero en efectivo. Es más fácil pagar con un cheque. Así ella tiene _____ en el banco.
   a. mucho dinero en efectivo
   b. una cuenta corriente
   c. una cuenta de ahorros
4. Anita no tiene más cheques. No le queda ninguno. Necesita _____.
   a. otra libreta
   b. más dinero
   c. otro talonario
5. Antes de cobrar un cheque y recibir el dinero en efectivo, es necesario _____.
   a. ingresarlo
   b. depositarlo
   c. endosarlo
6. Es imposible escribir otro cheque si no queda _____.
   a. ningún cambio
   b. ningún saldo
   c. ninguna libreta

Comunicación

En el banco

CLIENTE	Quisiera abrir una cuenta corriente, por favor.	
EMPLEADO	Sí, señorita. ¿Ha llenado Ud. el *formulario* (la *solicitud*)?	*application*
CLIENTE	Sí, aquí lo tiene Ud.	
EMPLEADO	Gracias. ¿Y cuánto dinero quiere Ud. depositar en la cuenta?	
CLIENTE	Cien mil pesos. Ud. puede retirarlo de mi cuenta de ahorros.	
EMPLEADO	De acuerdo. ¿Tiene Ud. su libreta?	
CLIENTE	Sí.	

EMPLEADO   Gracias. Y sabe Ud., señorita, si Ud. mantiene
            un saldo de veinte mil pesos, no hay ningún
            cargo y Ud. puede escribir la cantidad de   *charge*
            cheques que quiera.
CLIENTE   ¿Y cuándo recibiré mi chequera (talonario)?
EMPLEADO   Dentro de cinco días *laborables*.   *working*
CLIENTE   De acuerdo y muchas gracias, señor.

Ejercicio 2   Answer the questions based on the preceding conversation. You may wish to answer with only one word or you may respond with complete sentences.

1. ¿Qué quiere abrir la señorita?
2. ¿Qué ha llenado para abrir la cuenta?
3. ¿Cuánto dinero va a ingresar en la cuenta?
4. ¿De dónde va a sacar (retirar) el dinero?
5. ¿Tiene su cuenta de ahorros en el mismo banco?
6. ¿Hay siempre un cargo por cada cheque?
7. ¿Qué saldo debe mantener en la cuenta para no tener que pagar un cargo?
8. ¿Cuándo va a recibir la señorita su talonario?

Ejercicio 3   Answer the following questions based on your own financial affairs. You may make up fictitious answers if you wish.

1. ¿Tienes mucho dinero?
2. ¿Tienes una cuenta de ahorros?
3. ¿En qué banco tienes la cuenta?
4. ¿Ingresas mucho dinero en la cuenta?
5. ¿Haces depósitos mensuales o semanales en la cuenta?
6. ¿Tienes una cuenta corriente?
7. ¿Prefieres pagar tus cuentas *(bills)* con dinero en efectivo o con cheques?
8. ¿Cuál es el saldo actual *(present)* de tu cuenta corriente?
9. Hablando de finanzas, ¿tienes una tarjeta de crédito?
10. ¿Usas la tarjeta de crédito con mucha frecuencia?

SITUACIONES

Actividad 1

You are working in a bank in a city in the United States. A Hispanic client comes in whose English is somewhat limited. Help him by speaking Spanish with him.

1. Ask him if he wants to open a savings account or a checking account.
2. Ask him how much he wants to deposit in the account.
3. Explain to him that he must always have a balance of $100.

Actividad 2

You are traveling through Spain and you have become friendly with Sarita Montemayor, who is from Almería. One day while seated at a café, you start talking about money matters.

1. Sarita wants to know if credit cards are popular in the United States. Tell her.
2. She wants to know if people in the United States save a lot of money. Tell her what you think.
3. She wants to know if you have a checking account. Tell her.
4. She wants to know if in the United States you can pay for a restaurant bill with a personal check. Tell her.
5. Explain to Sarita that most people in the United States pay a restaurant check with either cash or a credit card. Tell her that many restaurants and stores do not accept personal checks.

HOJAS DE LA VIDA

Actividad 1

Read the following bank announcement that appeared in the newspaper *El Mundo* in San Juan, Puerto Rico.

Porque su horario profesional le deja poco tiempo para ir al banco...
CAGUAS CENTRAL LE OFRECE
PRESTAMOS POR TELEFONO EN 24 HORAS...¡O MENOS!

Desde $5,000 hasta $25,000
Determine cuánto dinero interesa y llame en seguida a:

TELE SERVICIOS BANCARIOS DEL CAGUAS CENTRAL:
766-2828

- Para acelerar el trámite, por favor tenga a mano su número de Seguro Social y los números de sus cuentas bancarias, préstamos, tarjetas, cuentas a crédito y otros compromisos financieros suyos.
- **Horario por teléfono:**
  De lunes a viernes de 8:30 A.M. a 9:00 P.M.
- Sujeto a aprobación de su crédito, su Préstamo Personal puede serle aprobado en 24 horas o menos, excluyendo sábados, domingos y días festivos.

CAGUAS CENTRAL
Federal Savings Bank
¡DAMOS EL MAXIMO!

Answer the questions based on the preceding bank announcement.

1. ¿Cómo se llama el banco?
2. ¿Qué les ofrece el banco a sus clientes?
3. ¿Por qué les ofrece tal servicio?
4. ¿Adónde pueden llamar?
5. ¿Cuánto dinero se puede pedir prestado?

Find the following terms in the advertisement you just read.

1. bank accounts
2. social security number
3. professional (business) schedule
4. financial obligations
5. to have available (handy)
6. to speed up the procedure
7. holidays
8. loans
9. process

Capítulo 4

Viajando por avión

Vocabulario

En el aeropuerto

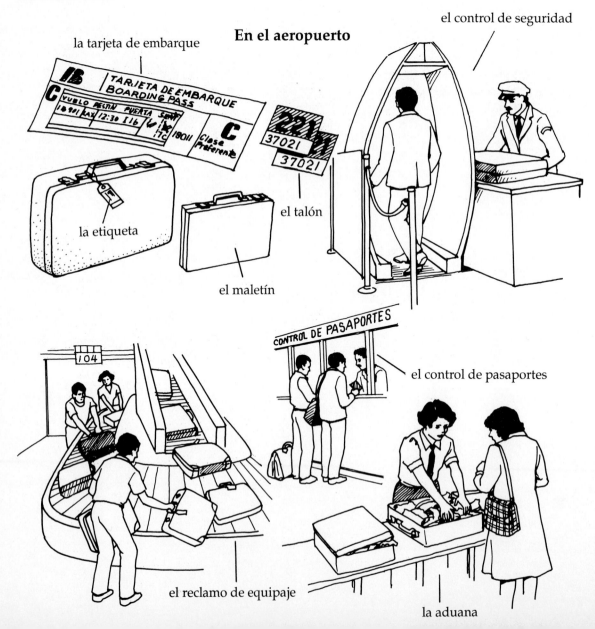

el control de seguridad

la tarjeta de embarque

la etiqueta

el maletín

el talón

el control de pasaportes

el reclamo de equipaje

la aduana

Ejercicio 1   Answer the questions based on the illustrations.

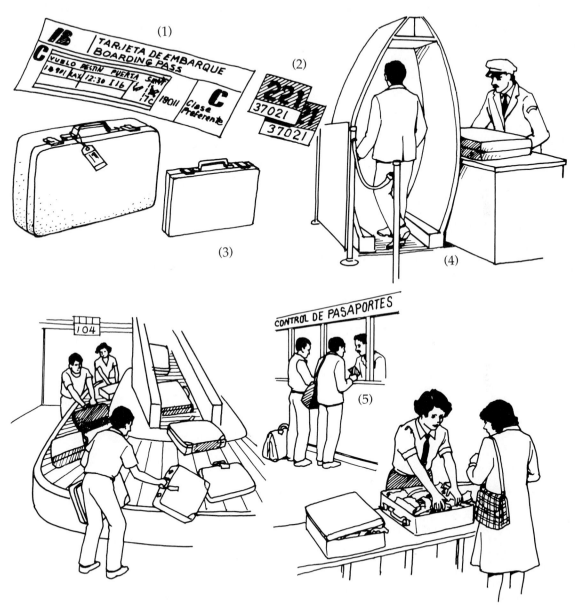

1. ¿Qué es? ¿Es el boleto o la tarjeta de embarque?
2. ¿Qué es? ¿Un talón o una etiqueta?
3. ¿Qué es? ¿Una maleta o un maletín?
4. ¿Qué es? ¿El control de seguridad o la puerta de embarque?
5. ¿Qué es? ¿El control de seguridad o el control de pasaportes?

Read the following:

En el aeropuerto principal de la capital hay dos terminales. La terminal norte es para la llegada y salida de vuelos nacionales (domésticos). La terminal sur es para la llegada y salida de vuelos internacionales—es decir de los vuelos procedentes de países extranjeros o con destino a países extranjeros.

Ejercicio 2 Give the opposite of each of the following words.

1. nacional
2. extranjero
3. la llegada
4. con destino a
5. el norte
6. internacional
7. la salida
8. procedente de

Ejercicio 3 Answer the following question in your own words.

¿Para qué sirven las dos terminales del aeropuerto principal de la capital?

Comunicación

En el taxi

PASAJERO	Al aeropuerto, por favor.
TAXISTA	Sí, señor. ¿Quiere Ud. la terminal norte o la terminal sur?
PASAJERO	*Lo siento,* pero no sé.
TAXISTA	Pues, ¿para dónde sale Ud.?
PASAJERO	Voy a Los Angeles.
TAXISTA	Pues, como Ud. toma un vuelo internacional, quiere Ud. la terminal sur. La terminal norte es para los vuelos nacionales—o sea dentro del país.

I'm sorry (margin gloss)

Ejercicio 4 Answer the questions based on the preceding conversation.

1. ¿Con quién está hablando el señor?
2. ¿Adónde quiere ir?
3. ¿Qué terminal necesita él?
4. ¿Adónde va el señor?
5. Entonces, ¿qué terminal necesita el señor?

Ejercicio 5   Read the following announcement.

Señores y señoras:

    Lan Chile anuncia la salida de su vuelo 208 con destino a Puerto Montt. Les rogamos a todos los pasajeros que se presenten en el control de seguridad. Embarque inmediato por la puerta C8.

Give the following information based on the announcement you just read.

1. el nombre de la compañía de aviación
2. el número del vuelo
3. el destino del vuelo
4. el número de la puerta de embarque

Reclamando el equipaje

PASAJERA	Perdón, señor, ¿pero dónde puedo reclamar (recoger) mi equipaje?
AGENTE	¿En qué vuelo ha llegado Ud., señora?
PASAJERA	En el vuelo ocho de Nueva York.
AGENTE	El equipaje del vuelo ocho va a llegar en la *correa* D.
PASAJERA	¿La correa D?
AGENTE	Sí, señora. Y si Ud. no tiene nada que declarar en la aduana, Ud. puede seguir la *flecha* verde.
PASAJERA	De acuerdo.
	(*Unos momentos más tarde*)
	Mozo, ¿me puede ayudar con las maletas, por favor?
MOZO	¡Cómo no, señora! ¿Me permite ver sus talones, por favor?
PASAJERA	Sí, tome Ud.

belt

arrow

Ejercicio 6   Answer the questions based on the preceding conversation.

1. ¿La señora quiere facturar o reclamar su equipaje?
2. ¿Ha llegado en el vuelo de Nueva York o de Madrid?
3. ¿Su equipaje va a llegar en la correa D o en la pantalla D?
4. Si la señora no tiene nada que declarar en la aduana, ¿debe seguir la flecha roja o la flecha verde?
5. ¿Quién la va a ayudar con el equipaje? ¿El agente o el mozo?
6. ¿Qué quiere ver el mozo? ¿Las maletas o los talones?

Vocabulario

Abordo del avión

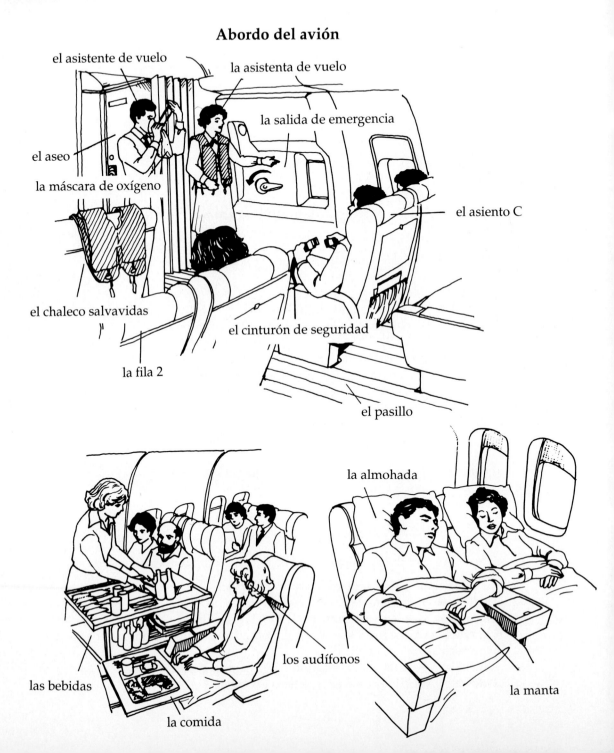

el asistente de vuelo

la asistenta de vuelo

la salida de emergencia

el aseo

la máscara de oxígeno

el asiento C

el chaleco salvavidas

el cinturón de seguridad

la fila 2

el pasillo

la almohada

las bebidas

los audífonos

la comida

la manta

el despegue

el aterrizaje

Ejercicio 7   Answer the following questions.

1. ¿Qué está en el pasillo? ¿El asiento o la fila?
2. ¿Qué corre de la parte delantera a la parte trasera del avión? ¿El pasillo o la fila?
3. ¿Quién trabaja abordo del avión? ¿El asistente de vuelo o el agente?
4. ¿Dónde puedes lavarte las manos abordo del avión? ¿En el pasillo o en el aseo?
5. Si la presión del aire cambia durante el vuelo, ¿de qué debes servirte? ¿Del chaleco salvavidas o de la máscara de oxígeno?
6. Durante el despegue y el aterrizaje, ¿qué debes abrocharte? ¿El chaleco salvavidas o el cinturón de seguridad?
7. En el caso imprevisto de un aterrizaje de emergencia en el mar (océano), ¿qué tienen que ponerse los pasajeros? ¿El chaleco salvavidas o la máscara de oxígeno?
8. Después del aterrizaje, ¿qué hacen los pasajeros? ¿Abordan el avión o desembarcan?

Comunicación

Un anuncio abordo

Señores y señoras:
      Les recordamos a nuestros pasajeros que se prohibe fumar durante
el despegue y el aterrizaje, en la sección de no fumar, en los pasillos, en
los aseos y cuando el aviso (la señal) de no fumar esté iluminado(-a).

Ejercicio 8   Give equivalent expressions for the following based on the announcement
you just read.

1. nuestros clientes
2. el momento de aterrizar
3. la sección donde no se puede fumar
4. no se puede
5. acordamos
6. no se permite

SITUACIONES

Actividad 1

You are on your way to Barajas Airport in Madrid and you want to go to the terminal for
domestic departures. Tell the taxi driver.

Actividad 2

You are in Barajas Airport and your flight to Malaga has been delayed. You want to know at
what time the flight will now leave and from what gate. Ask an Aviaco agent.

Actividad 3

You just arrived at the Malaga Airport on a flight from New York.
1. You want to know where to go to claim your luggage. Ask someone.
2. After you claim your bags, you proceed to customs. The agent wants to know if you
   have anything to declare. Tell her.
3. You need someone to help you with your luggage. Call a porter and ask him for help.

Actividad 4

You are on board a flight from Miami to Guayaquil, Ecuador.
1. The plane is about to take off and the passenger seated next to you is about to light a cigarette. The flight attendant does not see him. Speak with the passenger.
2. You have decided you would like to watch the movie. You need a headset. Call a flight attendant and tell him what you want.
3. After the movie, you would like to take a nap. You would be more comfortable with a blanket and pillow. Call the flight attendant and tell him what you need.

HOJAS DE LA VIDA

Actividad 1

Read the following airline ticket.

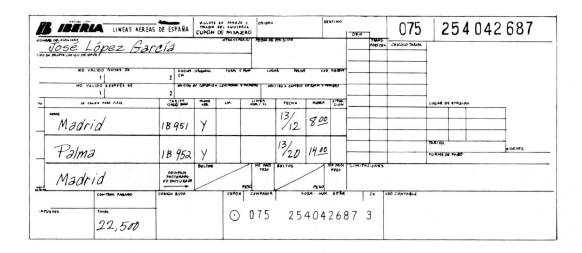

Give the following information based on the airline ticket you just read.

1. el nombre del pasajero
2. cuántos vuelos que va a tomar
3. el número del primer vuelo
4. el origen del primer vuelo
5. el destino del primer vuelo
6. la clase en que va a viajar
7. la hora de salida del segundo vuelo
8. el precio total del pasaje

Actividad 2

Read the following boarding pass.

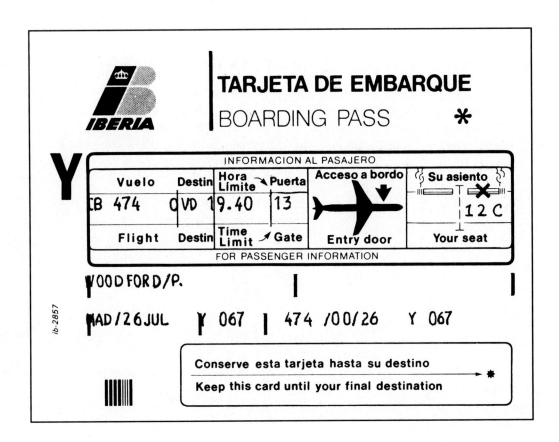

Complete the statements based on the preceding boarding pass.

1. El pasajero se llama _____.
2. El señor va en el vuelo _____.
3. El sale el día _____.
4. El sale a las _____.
5. El sale de la puerta _____.
6. El tiene el asiento _____.
7. Su asiento está en la fila _____.

Actividad 3

Look at the following airline safety card.

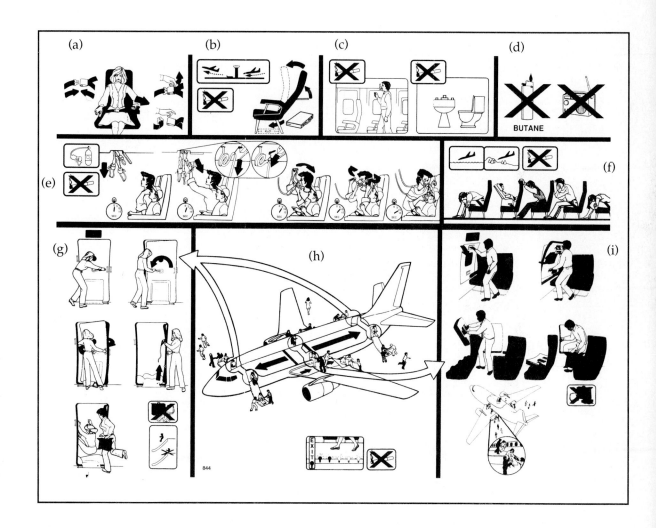

Identify the pictures that indicate the following information.

1. _____ Es necesario abrocharse el cinturón de seguridad.
2. _____ Se prohibe usar abordo transistores y calculadoras electrónicas.
3. _____ Se prohibe fumar en los aseos.
4. _____ Hay salidas de emergencia sobre las alas.

Actividad 4

Look at the following landing card for entry into the United Kingdom.

```
┌─────────────────────────────────────────────────────────────────┐
│                                                                   │
│   LANDING CARD          ┌──────────────────┬──────────────────┐  │
│   Immigration Act 1971  │░░░░░░░░░░░░░░░░░░│                  │  │
│                         └──────────────────┴──────────────────┘  │
│                                                                   │
│   Please complete clearly in BLOCK CAPITALS Por favor completar   │
│   claramente en MAYUSCULAS                                        │
│   Veuillez remplir lisiblement en LETTRES MAJUSCULES Bitte        │
│   deutlich in DRUCKSCHRIFT ausfüllen                              │
│                                                                   │
│        Family name                                                │
│        Nom de famile    WOODFORD  Príncipe                        │
│          Apellidos                                                │
│       Familienname                                    Sex         │
│         Forenames                                     Sexe        │
│           Prenoms       Protase Emmanuel              Sexo   M    │
│    Nombre(s) de Pila                            Geschlecht (M,F)  │
│          Vornamen                                                 │
│     Date of birth   Day   Month   Year    Place of birth          │
│   Date de naissance                      Lieu de naissance        │
│  Fecha de nacimiento  1 0 0 9 3 4  Lugar de nacimiento  NY NY USA │
│      Geburtsdatum                         Geburtsort              │
│       Nationality                         Occupation              │
│         Nationalite                        Profession            │
│       Nacionalidad     US                  Profesion   linguist  │
│  Staatsangehörigkeit                           Beruf             │
│  Address in United Kingdom                                        │
│     Adresse en Royaume Uni                                        │
│  Direccion en el Reino Unido    N. A.                             │
│ Adresse im Vereinigten Königreich                                │
│                                                                   │
│        Signature                                                  │
│           Firma    ∿∿∿∿∿∿∿ VV 365 739                            │
│       Unterschrift                                                │
│   For official use/Reserve usage officiel/Para uso oficial/Nur   │
│   für den Dienstgebrauch                                         │
│  CAT ┌──┐  -16 ┌──┐  CODE ┌──┐  NAT ┌──────┐  POL ┌──┐           │
│      └──┘      └──┘       └──┘      └──────┘      └──┘           │
└─────────────────────────────────────────────────────────────────┘
```

Based on the landing card, how does one say the following in Spanish?

1. first name
2. family names
3. birth date
4. place of birth
5. signature

Capítulo 5

En el tren

Vocabulario

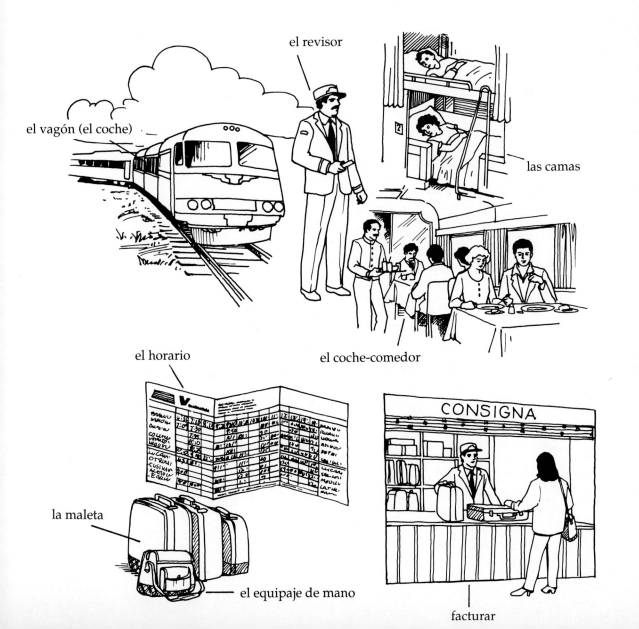

el revisor

el vagón (el coche)

las camas

el coche-comedor

el horario

la maleta

el equipaje de mano

CONSIGNA

facturar

Read the following:

> **abordar** subir (al tren)
> **apearse** bajar(se) (del tren)
> **trasbordar** cambiar de un tren a otro para continuar un viaje
> **el retraso (la demora)** el tiempo que el tren llega tarde
> **a tiempo** no tarde
> **la parada** Entre Madrid y Avila el tren hace dos paradas.

Ejercicio 1 Match.

1. ____ ocupado		a. destination
2. ____ reservado		b. tariff (fare)
3. ____ el compartimiento		c. reserved
4. ____ el destino		d. occupied
5. ____ el bufé		e. compartment
6. ____ la tarifa		f. buffet

NOTA Los trenes españoles tienen compartimientos. Para dormir hay **coches-cama** que son caros. Hay otros vagones con **literas** para dormir. En los vagones con literas duermen seis personas. Las literas no son muy cómodas, pero son más baratas que las camas.

Ejercicio 2 Choose the correct completions.

1. El (retraso/destino) de mi viaje es la capital.
2. Según el (lugar/horario), el tren debe salir a las 2:00.
3. A veces sale con dos o tres horas de (reservado/retraso).
4. Ya tengo un asiento (ligero/reservado).
5. La capital es la última (tarifa/parada) del tren.
6. Es un tren directo, no tenemos que (facturar/trasbordar).

Ejercicio 3 Complete the following statements.

1. ¿Tienes mucho equipaje?
   No, sólo equipaje de _____. Dos _____ pequeñas.
2. ¿Vas a llevar las maletas contigo en el compartimiento?
   Sí, no las quiero _____.
3. Y si tienes hambre, ¿qué? No hay coche-_____.
   No, pero hay un _____.
4. ¿Puedes dormir en tu compartimiento? ¿Es coche-cama?
   No, es un coche de _____. Pero se duerme.
5. ¿Cuesta mucho el coche-cama?
   Sí, tiene una _____ muy alta.
6. El tren sale pronto, ¿no?
   Sí, ya tengo que _____.
7. Y ¿a qué estación llega el tren?
   Pues, yo (me) _____ en la Estación del Norte.

Comunicación

En el tren

PASAJERO	¿Llegaremos a tiempo?
REVISOR	No. Ya llevamos 35 minutos de retraso.
PASAJERO	¿Y cuál será la demora en total?
REVISOR	Sábelo Dios. ¿Cuál es su destino?
PASAJERO	Segovia. Abordé en Algeciras.
REVISOR	¿Segovia? Pues tendrá que trasbordar en Madrid.
PASAJERO	No lo sabía, gracias. Tengo hambre. ¿Este tren lleva coche-comedor?
REVISOR	Lo siento, no. Pero hay un bufé en el próximo coche.

Ejercicio 4   Answer the questions based on the preceding conversation.

1. ¿Llegará tarde el tren?
2. ¿Sabe el revisor cuándo van a llegar?
3. ¿Adónde va el pasajero?
4. ¿Dónde subió al tren?
5. ¿Este tren va a Segovia?
6. ¿Qué tendrá que hacer el pasajero?
7. ¿Dónde podrá comer el pasajero?

Ejercicio 5   You got on the train in Asunción and are going to Buenos Aires. You have a second-class ticket. Answer the conductor's questions.

1. ¿Tiene Ud. billete?
2. ¿De qué clase es su billete?
3. ¿Dónde abordó Ud. este tren?
4. ¿Cuál es su destino?

Vocabulario

Read the following useful information:

Los trenes que van desde Madrid a los pueblos y ciudades cercanas aparecen en el tablero bajo **cercanías.** Las líneas que van a ciudades lejanas aparecen bajo **largo recorrido.** Antes había tres clases de vagones—primera, segunda y tercera. Hoy sólo hay dos— primera y segunda. Los precios están de acuerdo con la clase. En el coche-comedor hay mesas y servicio de camarero, igual que en un restaurante. En el bufé sólo hay auto-servicio y comidas ligeras, sándwiches y refrescos. Los mejores trenes españoles son los TALGO, trenes de gran velocidad y lujo. En orden de velocidad y número de paradas los trenes son: **el exprés, el rápido, el directo, el correo.**

Ejercicio 6   Choose the correct completions.

1. Si tienes mucha prisa, debes tomar un tren (correo/rápido).
2. Si no quieres gastar mucho dinero, debes viajar en (primera/segunda) clase.
3. Si te gusta comer elegantemente, toma un tren con (bufé/coche-comedor).
4. Si quieres visitar los pueblos alrededor de Madrid, toma uno de los trenes de (cercanías/largo recorrido).
5. Si te interesa ir despacio y parar en cada estación, toma un tren (exprés, correo).

Comunicación

En el tren de cercanías

REVISOR   Billetes, por favor. Segovia es la próxima parada.
VIAJERA   Yo me apeo en Segovia. ¿Es válido este billete?
REVISOR   A ver. Sí, Ud. trasbordó aquí en Madrid, ¿verdad?
VIAJERA   Sí. ¿Dónde compro el billete de vuelta a Madrid?
REVISOR   En la estación de Segovia, o en el mismo tren.

Ejercicio 7   Complete the statements based on the preceding conversation.

1. El revisor quiere ver los _____.
2. El tren está llegando a _____.
3. El billete de la viajera es _____.
4. Ella tomó el tren para Segovia en _____.
5. Ella quiere saber dónde comprar su billete de _____.
6. Ella puede comprarlo en el tren o en _____.

SITUACIONES

Actividad 1

The train you are on stopped on the way to Sevilla.

1. You want to know where the conductor is. Ask the passenger next to you.
2. The conductor comes over to talk to you. You want to know why there is a delay. Ask him.
3. You are hungry and want to eat. Ask the conductor where the dining car is.
4. You do not want to leave your suitcases unattended while you eat. You are hoping the passenger next to you will keep an eye on them. Ask her.

Actividad 2

You are on the express to Santiago. You are speaking with the conductor.
1. You want to know if you must change trains for Santiago. Ask him.
2. You want to know how many stops there are before Santiago. Ask him.
3. You want to know the charge for a **litera.** Ask him.

HOJAS DE LA VIDA

Actividad 1

Look at the following train tickets.

(A)

(B)

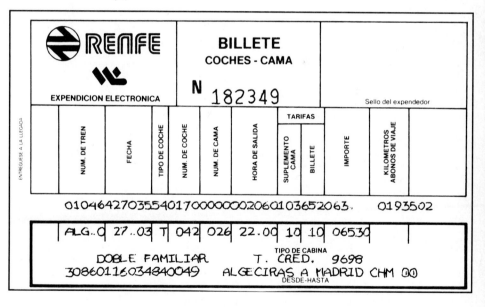

Choose ticket A or B to answer the following questions.

1. ¿Cuál de los billetes parece ser para «Cercanías»?
2. ¿Cuál de los billetes se entrega cuando el pasajero llega a su destino?
3. ¿En cuál de los trenes se puede dormir?
4. ¿Cuál de los billetes necesita una impresión de máquina para ser válido?
5. ¿Cuál de los billetes indica que el pasajero tiene una reservación?

Capítulo 6

Pidiendo y comprendiendo direcciones

Vocabulario

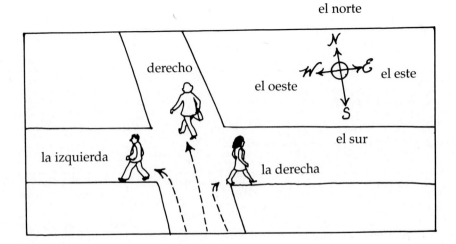

el norte

derecho

N

W   E

el oeste   el este

S

el sur

la izquierda

la derecha

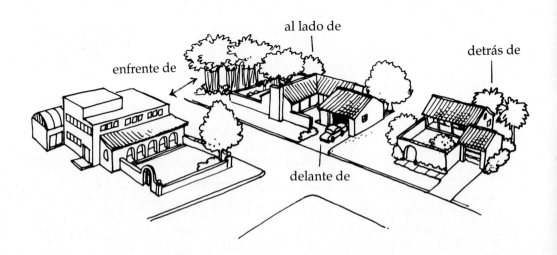

al lado de

enfrente de

detrás de

delante de

Read the following:

> Hay árboles al lado de la casa.
> Detrás del garaje hay un árbol.
> El carro está delante del garaje.
> Hay una escuela enfrente de la casa.

Ejercicio 1 Give the opposite of each of the following words.

1. la izquierda
2. el este
3. enfrente de
4. el norte

Ejercicio 2 Answer the questions based on the illustration. You may wish to use only one word.

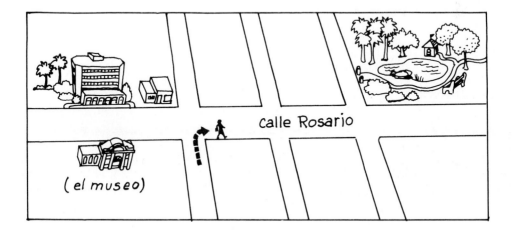

1. ¿Qué está enfrente del hotel?
2. ¿A cuántas cuadras del hotel está el parque?
3. ¿En qué calle dobla la señora?
4. ¿Dobla a la izquierda o a la derecha?

Comunicación

¿Dónde está …?

UD.	Perdón, señorita. ¿Dónde está el Hotel Cervantes *(or whatever you are looking for),* por favor?
SEÑORITA	Pues, el Hotel Cervantes está en la Calle Mayor.
UD.	¿La Calle Mayor? ¿Dónde está, por favor?
SEÑORITA	Pues, Ud. tiene que seguir derecho tres cuadras, luego doble Ud. a la derecha y siga dos cuadras más. A mano derecha está la Calle Mayor.
UD.	Derecho tres cuadras, luego a la derecha dos cuadras más…
SEÑORITA	Sí, a mano derecha. Y el Hotel Cervantes está enfrente del Parque de Santa María.

Ejercicio 3   Answer the questions based on the preceding conversation.

1. ¿En qué calle está el Hotel Cervantes?
2. Es necesario seguir derecho, ¿cuántas cuadras?
3. Luego, ¿es necesario doblar a la derecha o a la izquierda?
4. ¿El hotel está enfrente de qué parque?

SITUACIONES

Actividad 1

You are walking down a street in Buenos Aires and you want to know where the Plaza Hotel is. Ask someone.

Actividad 2

A person stops you on the street in your hometown. The person can hardly speak English and he asks you in Spanish where the pharmacy **(farmacia)** is. To the best of your ability, give the person directions.

HOJAS DE LA VIDA

Actividad 1

Look at the following partial map **(plano)** of Madrid.

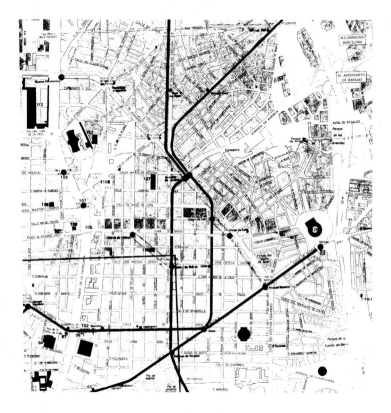

Answer the questions based on the preceding map.

1. ¿A cuántas cuadras está la Calle de Velázquez de la Calle Serrano?
2. ¿En qué calle o avenida está la Plaza de Colón?
3. ¿Cuál está más cerca de la Castellana, Serrano o Velázquez?
4. ¿Cómo se va desde la Glorieta de Emilio Castelar hasta la Plaza Marqués de Salamanca?
5. ¿Dónde comienza y termina la Calle de Diego de León?

Capítulo 7

Alquilando un automóvil

Vocabulario

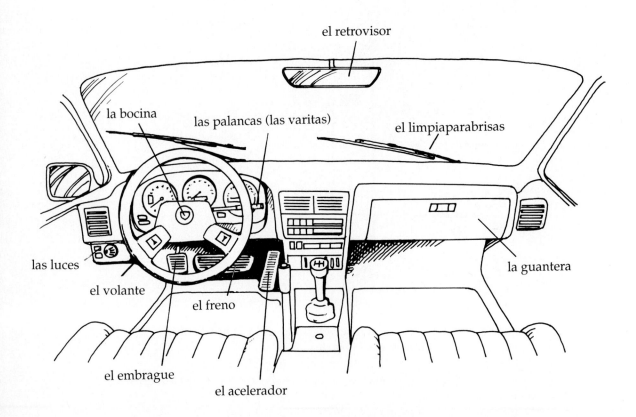

Read the following:

las (los) intermitentes   las (señales) direccionales
Un conductor debe poner las intermitentes antes de doblar.

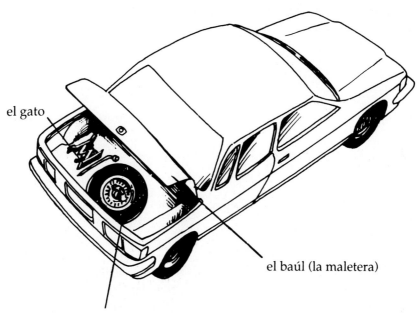

el gato

el baúl (la maletera)

el neumático (la goma, la llanta) de repuesto

Ejercicio 1   Match.

1. _____ el mapa   a. tank
2. _____ la gasolina   b. contract
3. _____ el contrato   c. to verify, to check
4. _____ el tanque (el depósito)   d. gasoline
5. _____ verificar   e. license
6. _____ la licencia (el permiso)   f. map

Ejercicio 2   Complete the following statements.

1. Por favor, quiero 20 litros de _____.
2. No, no tiene que llenar el _____.
3. Es difícil parar el carro, será un problema con los _____.
4. Ah, y el neumático de _____ necesita aire.
5. Yo no puedo cambiar las gomas porque no tengo un _____.

Ejercicio 3 Answer the following questions.

1. ¿Es necesario que los frenos funcionen bien para parar o acelerar?
2. Si está lloviendo, ¿qué tiene que funcionar?
3. ¿Qué dos cosas se necesitan para cambiar una goma vacía *(flat)*?
4. Para viajar de noche, ¿qué tienen que funcionar?
5. ¿Qué puedes sonar para llamar la atención?

Comunicación

En la agencia de alquiler de coches

CLIENTE   ¿Estos coches son automáticos, o es manual el cambio de velocidades?

AGENTE   De cambio manual, todos. Pero es fácil de aprender. Son de cuatro velocidades más marcha atrás. Sólo tiene que aprender a usar el embrague. Es el tercer pedal—acelerador, freno, embrague. Yo le enseño.

CLIENTE   Necesito el coche por tres días y quiero pagar con tarjeta de crédito. ¿Hay un cargo por kilómetro?

AGENTE   Sí, veinte pesos. Me da su licencia, por favor. Prepararé el contrato. ¿Quiere Ud. *seguros a todo riesgo?*   *complete coverage insurance*

Ejercicio 4 Answer the questions based on the preceding conversation.

1. ¿Son de transmisión automática o manual estos coches?
2. ¿Cómo se dice en inglés «marcha atrás»?
3. ¿De cuántas velocidades es la transmisión en estos autos?
4. ¿El cliente sabe conducir un coche con cambio manual?
5. ¿Qué tiene que aprender a usar?
6. ¿Cuántos pedales tiene un coche automático?
7. ¿Cuál es el tercer pedal en un coche con cambio manual?
8. ¿Cómo quiere pagar el alquiler el cliente?
9. ¿Cuánto cobran por kilómetro?
10. ¿Qué va a preparar el agente?

Saliendo de la agencia de alquiler

AGENTE   Aquí tiene las llaves. Esta es para las puertas y el baúl.
          Esta es la *llave de contacto*. También abre la guantera   *ignition key*
          donde hay mapas de la ciudad y del país. ¿Alguna
          pregunta?

CLIENTE   Sí. ¿Cómo *se prenden* las luces, el limpiaparabrisas   *are turned on*
          y el *calentador*? ¿Y dónde está la bocina?   *heater*

AGENTE   El control de las luces y el del limpiaparabrisas y las
          señales direccionales se encuentran en estas palancas
          o varitas a cada lado de la columna del volante. Sólo
          hay que darles vuelta. La bocina también se controla
          con la varita. Tire Ud. de esta varita para sonarla. El
          calentador se prende con este botón.

CLIENTE   Y la gasolina, ¿la pago yo?

AGENTE   Le damos el coche con el tanque lleno. Ud. debe
          devolver el coche con el tanque lleno.

CLIENTE   Entiendo. Gracias.

Ejercicio 5   Complete the paragraph based on the preceding conversation.

El agente le da dos _____. Una es para el baúl y la guantera, la otra es la llave de
_____. El control para las luces está en una _____ al lado del volante. Para sonar
la _____ hay que tirar de la varita. Hay un botón para prender el _____. Cuando
el cliente recibe el coche, el _____ está lleno.

Ejercicio 6   Read the following notice on the wall of a car rental agency.

Es la responsabilidad de los señores clientes verificar que todo funcione
bien—frenos, limpiaparabrisas, bocina, luces, señales direccionales, etc.
y que el auto esté equipado debidamente: neumático de repuesto,
gato, tanque lleno de gasolina, antes de firmar el contrato de alquiler.

Before you leave the car rental agency, you want to check to make sure that everything is all
right with the car. Ask the agent how to make the following work.

1. the windshield wipers
2. the horn
3. the lights
4. the directional signals

Ask the agent if the car has the following.

1. a spare tire
2. a jack
3. a full tank of gas
4. a map in the glove compartment

Ejercicio 7   Answer the following questions.

   ¿Qué se usa para …?

1. calentar el carro
2. indicar que vas a virar o doblar a la izquierda
3. llamar la atención a otro vehículo
4. ver de noche
5. prender o arrancar el motor
6. guardar mapas y otras cosas pequeñas
7. guardar la goma de repuesto y el gato
8. limpiar el parabrisas

Ejercicio 8   You are working at your local car rental agency. A Spanish-speaking customer has some questions. Respond appropriately based on the cues.

1. ¿Tienen Uds. carros con cambio manual o automático?   *automatic*
2. ¿Cuánto cobran Uds. por día?   *$35*
3. ¿Hay que pagar por kilómetro también?   *$.30 per mile, not kilometer*
4. ¿Quién paga la gasolina?   *the client/full tank*
5. ¿Cómo puedo pagar el alquiler?   *prefer credit card*
6. ¿Necesita Ud. algo más?   *see driver's license*
7. ¿Las llaves, por favor?   *first sign contract*

SITUACIONES

Actividad 1

You are in Santiago, Chile, at a car rental agency. You are speaking with the agent.
1. You want to rent a car for a week. Tell the agent.
2. You want to know the weekly rate. Ask her.
3. You want to know if there is a charge per kilometer. Ask her.
4. You want to know if the insurance is included. Ask the agent.
5. You want to know if the gas is included. Ask her.
6. She wants to know if you have a driver's license. Tell her.
7. She asks how you want to pay. Tell her.

Actividad 2

You are at the airport in Buenos Aires, Argentina, at the counter of a car rental agency.
1. Ask the agent if they have any cars with automatic transmission.
2. He tells you that they only have cars with manual transmission. Tell him you don't know how to drive a car with a manual shift.
3. He tells you it's easy. Ask him to show you how to use the clutch.
4. Ask him to show you where the controls are for the lights, horn, and windshield wipers.
5. You are about to sign the contract, but you want to check the car first. Tell the agent.
6. Ask him if there is a spare and a jack in the trunk.
7. You want to know if there is a map in the glove compartment. Ask him.

HOJAS DE LA VIDA

Actividad 1

Read the following car rental agency price list.

TARIFA
ALQUILER SIN CONDUCTOR
TARIFA EN PESETAS

Grupo	Modelos de coches	Plazas	Radio	Aire Acondicionado	Días más kilometro				Kilometraje ilimitado				
					1 a 6 días por día	7 ó más por día	Por km	Fin de semana 250 kms. incluidos	Semana comercial	4 ó 6 por día	7 a 14 días por día	15 a 30 días por día	Más de 30 días por día
A	SEAT MARBELLA	4			1.950	1.700	19	8.500	17.000	4.200	3.700	3.300	2.980
B	FORD FIESTA RENAULT 5 OPEL CORSA	4			2.200	2.000	21	9.500	20.000	4.600	4.000	3.400	2.950
C	PEUGEOT 205 SEAT IBIZA FORD FIESTA BALEAR	4			2.600	2.200	24	11.000	22.000	5.600	5.100	4.300	3.650
D	FORD ESCORT VW CLASSIC	5	•		3.600	3.400	32	14.800	34.000	6.800	6.000	5.100	4.300
E	FORD ORION 1.4	5	•		4.000	3.700	37	16.800	37.000	8.500	7.700	6.800	6.000
F	OPEL KADETT 1.6 CITROEN BX 1.6	5	•		5.000	4.600	48	21.500	46.000	9.800	10.200	8.500	7.100
G	RENAULT 21 2.0 FORD SIERRA 2.0	5	•	•	6.200	5.500	60	—	55.000	14.500	13.000	10.200	8.100
H	PEUGEOT 505 SW	7/8	•	•	8.000	7.400	77	—	—	—	16.600	16.100	15.000
I	MINI BUS	8/9	•	•	8.300	8.000	80	35.000	—	—	18.000	16.700	15.500
J	MERCEDES 230-E	5	•	•	11.500	11.200	95	—	—	26.500	23.500	20.500	17.500

NOTA: Para dejar fuera de Madrid, quince días mínimo. Fin de semana: de viernes 19.00 h. a lunes 09.00 h. Período mínimo alquiler: 1 día. Estas tarifas están sujetas a cambios sin previo aviso y modifican las anteriores.
PARA ALQUILERES DE LARGA DURACION SOLICITE NUESTRAS TARIFAS ESPECIALES.

Choose the letter of the vehicle you would recommend based on the preceding price list.

1. Tengo mucho dinero, el precio no me importa nada. Lo que me interesa es la comodidad y la elegancia.
2. No tengo mucho dinero. El problema es que no aguanto el calor. Necesito el coche más barato que tiene aire acondicionado.
3. Somos nueve amigos y queremos ir en el mismo vehículo.
4. Quiero un automóvil barato pero con radio.
5. Puedo pagar hasta 17.000 pesetas por día. Voy a necesitar el coche por dos semanas. ¿Cuál es el mejor que puedo alquilar?

Answer the questions based on the price list you just read.

1. Si alquilo un Orion de Ford por dos días y recorro 600 kilómetros, ¿cuánto tendré que pagar?
2. Si alquilo un Seat Marbella por seis días, cuesta o 1.950 por día o 4.200 por día. ¿Por qué son diferentes los precios?
3. Quiero un carro por tres días. Voy a recorrer unos 400 kilómetros. ¿Cuánto más será un Ford Orion que un Ford Escort?
4. Quiero un Renault 5 por siete días y 1000 kilómetros. ¿Debo pagar los kilómetros o alquilarlo con kilometraje ilimitado?
5. ¿Cuándo comienza y termina el «fin de semana» oficial?

Capítulo 8

La gasolinera

Vocabulario

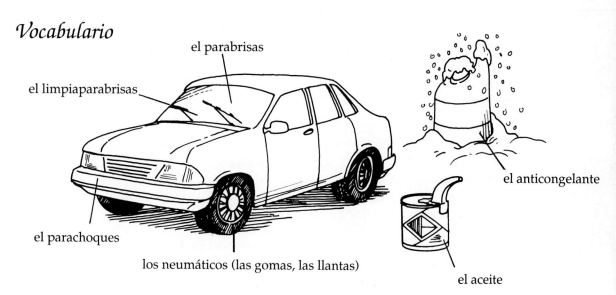

el parabrisas

el limpiaparabrisas

el anticongelante

el parachoques

el aceite

los neumáticos (las gomas, las llantas)

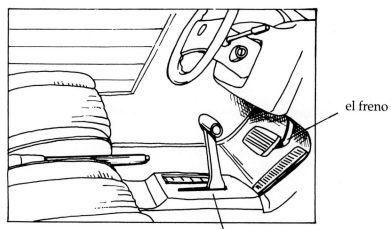

el freno

el cambio de velocidades

Read the following:

El **plomo** es un metal que pesa mucho. Se usa en tuberías y también es un aditivo para la gasolina. El plomo contamina el aire. Los automóviles nuevos usan gasolina sin plomo.

Ejercicio 1   Match.

1. ____ el carburador   a. motor
2. ____ el tanque   b. carburetor
3. ____ la batería   c. radiator
4. ____ el radiador   d. accelerator
5. ____ el motor   e. tank
6. ____ el acelerador   f. battery

NOTE   The following words are also English cognates:

la transmisión	**el generador (el dínamo)**	**el cilindro**
el mecánico	**lubricar**	**el pedal**
controlar	**normal**	**funcionar**

Ejercicio 2   Choose the correct completions.

1. Para parar un automóvil, se pisa el (acelerador/freno).
2. Se llena el (tanque/radiador) del auto con gasolina.
3. Cuando hace mucho frío, es necesario echarle (anticongelante/aceite) al radiador.
4. Si el (parachoques/parabrisas) está sucio, no se ve bien.
5. El coche lleva (dos/cuatro) llantas.
6. La electricidad viene de (la batería/el carburador) del auto.
7. Algunos coches tienen (limpiaparabrisas/cambio de velocidades) automático y otros son de tipo manual.

Ejercicio 3   Answer the questions based on your personal experience.

1. ¿Tiene Ud. o su familia un automóvil?
2. ¿Qué clase de coche es?
3. ¿Cuántos cilindros tiene el motor?
4. ¿Es automática o manual la transmisión?
5. ¿Cuántas velocidades tiene?
6. ¿Usa mucho aceite el coche?
7. ¿Quién es su mecánico? ¿Es bueno?

Ejercicio 4   What is being described? Write the Spanish word.

1. Es un derivado del petróleo. Es combustible. Es la _____.
2. Es el lugar donde sube y baja el pistón en el motor. Los motores de automóvil normalmente tienen 4, 6 u 8. Es el _____.
3. Es un derivado del petróleo que se usa para lubricar el motor. Es el _____.
4. Es el pedal que controla la gasolina que va al motor. Es el _____.

Comunicación

En la gasolinera

CLIENTE	Necesito gasolina, Fernando. Veinte litros, por favor.
EMPLEADO	¿Normal o super?
CLIENTE	Normal, sin plomo. ¿Puede Ud. *revisar* el aceite?
EMPLEADO	Cómo no.
	(El empleado revisa el aceite.)
	No necesita más, pero el aceite está muy sucio. Debe cambiarlo.
CLIENTE	Tengo prisa. ¿Lo puede hacer mañana por la mañana?
EMPLEADO	Sí, sí. Pero Ud. no debe irse todavía. Voy a echarle aire a esa llanta. Parece que lo necesita. Me va a tomar sólo un minuto.
CLIENTE	Gracias, Fernando.

check

Ejercicio 5   Answer the questions based on the preceding conversation.

1. ¿Con quién está hablando la señora?
2. ¿Cuánta gasolina quiere ella?
3. ¿Qué quiere ella que Fernando revise?
4. ¿En qué condición está el aceite?
5. ¿Cuándo va a cambiar el aceite Fernando?
6. ¿Qué le va a echar Fernando a la llanta?

Ejercicio 6   Answer the questions based on the cues.

1. ¿Cuántos litros de gasolina desea?   *20*
2. ¿La quiere con o sin plomo, normal o super?   *unleaded, regular*
3. ¿Algo más?   *clean windshield*

Ejercicio 7   Request.

Revise, por favor...

1. the oil
2. the water in the radiator
3. the battery
4. the air in your tires

SITUACIONES

Actividad 1

You are low on gas. You pull into a service station. You want to fill **(llenar)** the tank with regular unleaded gas. Tell the attendant.

Actividad 2

While studying in Spain, you are working part time in a service station. A customer pulls up to the gas island.
1. You fill her tank with gas. You want to know if you should check her oil, radiator, and battery. Ask her.
2. You notice that one of her tires needs air. Tell her.

Actividad 3

You want to drop your car off for service tomorrow. You are making an appointment with the attendant.
1. You want to bring the car in tomorrow morning. Tell the attendant.
2. Your car needs an oil change. Tell him.
3. Ask what time the car will be ready.

HOJAS DE LA VIDA

Actividad 1

Read the following advertisement.

Answer the questions based on the advertisement you just read.

1. ¿Para cuánto tiempo es la garantía del trabajo?
2. ¿Cuánto más le cobran por el cambio de aceite?
3. ¿Esta oferta no se aplica a autos que vienen de dónde?
4. ¿La oferta no se aplica a qué tipo de transmisiones?

Figure it out or guess! How do you say…?

1. front wheel drive
2. disassemble
3. speedometer
4. seals
5. retainers

Capítulo 9

Conduciendo

Vocabulario

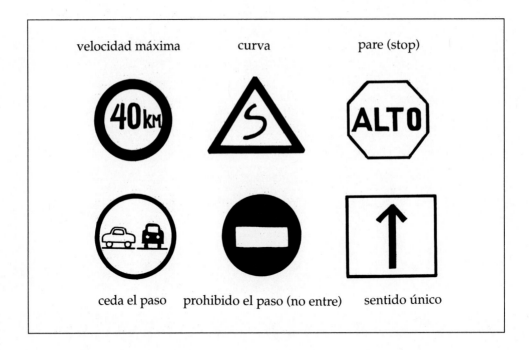

velocidad máxima   curva   pare (stop)

ceda el paso   prohibido el paso (no entre)   sentido único

NOTA   Las señales de tránsito que se emplean en Hispanoamérica y en España son internacionales.

Ejercicio 1   Choose the correct signs based on the illustrations.

¿Cuál de las señales lo indica?

1. _____ Si vas a entrar en la carretera, tienes que esperar hasta que pasen los vehículos que ya están en la carretera.
2. _____ Tienes que parar aquí.
3. _____ No puedes andar más rápido que lo indicado.
4. _____ En esta carretera puedes ir en una sola dirección.
5. _____ Debes reducir la velocidad porque la carretera no va en línea recta.
6. _____ No puedes entrar en esta calle.

Ejercicio 2   Match.

1. _____ la maniobra
2. _____ la velocidad
3. _____ el tránsito
4. _____ el vehículo
5. _____ la curva
6. _____ la línea
7. _____ máximo
8. _____ pasar (adelantar, rebasar)
9. _____ exceder
10. _____ el cruce, la intersección
11. _____ el (la) peatón(a)

a. to pass, to overtake
b. curve
c. maximum
d. velocity, speed
e. traffic, transit
f. to exceed
g. vehicle
h. maneuver
i. line
j. pedestrian
k. crossing, intersection

Read the following:

> **el sentido**   la dirección
>> En una calle de sentido único, no se puede ir en dos direcciones.
>
> **el carril**   la división de una carretera para el tránsito de vehículos
>> Las grandes carreteras o autopistas tienen hasta seis u ocho carriles.
>
> **la cuesta**   la subida
>> La cuesta en la carretera es donde sube.
>
> **lento**   el contrario de «rápido»
>
> **pesado(-a)**   que pesa mucho
>> Los camiones son vehículos pesados.
>
> **virar (doblar)**   cambiar de dirección, normalmente a la izquierda o a la derecha

Las normas de circulación

1. Mantener siempre la derecha excepto en carreteras de sentido único.
2. En carreteras de más de un carril en cada sentido, el tránsito lento o pesado siempre debe circular por el carril derecho.
3. Nunca adelantar (pasar) a otro vehículo en curvas o en cuestas.
4. Nunca exceder la velocidad máxima.
5. Señalizar que se va a virar (doblar) a la izquierda o a la derecha antes de efectuar la maniobra.
6. Obedecer los semáforos. Parar ante el rojo. Circular con el verde. Prepararse a parar con el ámbar (amarillo).
7. Poseer una licencia o permiso de conductor (conducir) válido.
8. Ceder el paso a los peatones en los cruces.

Ejercicio 3   Answer the following questions.

1. ¿Dónde no se permite pasar a otro vehículo?
2. Si vas a doblar a la derecha, ¿qué debes hacer primero?
3. Si conduces un camión pesado, ¿qué carril debes usar?
4. Siempre que conduces un vehículo, ¿qué debes tener en tu posesión?
5. En un cruce, ¿a quién tienes que dejar pasar?

Ejercicio 4   Complete the following statements.

1. Cuando el semáforo está rojo, hay que _____.
2. En las cuestas no se permite _____.
3. Tu permiso de conductor tiene que ser _____.
4. Las autopistas importantes tienen varios _____.
5. No debes ir más rápido que la velocidad _____.

Ejercicio 5   Answer the following questions.

Donde tú vives,...

1. ¿cuál es la velocidad máxima en la carretera?
2. ¿dónde se prohibe adelantar a otros carros o camiones?
3. ¿cuántos carriles tienen las carreteras importantes?
4. ¿cuántas luces tienen los semáforos?
5. ¿qué tienes que hacer si el semáforo está ámbar (amarillo)?

El estacionamiento

En todas las grandes ciudades, el estacionamiento (el aparcamiento) es un problema. Hay aparcamientos públicos y privados donde uno tiene que pagar. También en algunas calles hay parquímetros donde uno puede echar una moneda. El parquímetro entonces indica el tiempo que se puede estacionar o aparcar. En algunas ciudades hay áreas de estacionamiento con una sola máquina especial. Se introduce una moneda para cierto número de minutos. Se oprime un botón y sale un papelito que indica el tiempo que uno puede estacionar. Se pone el papelito en el interior del parabrisas del coche para que los guardias lo puedan ver. Si uno estaciona ilegalmente, los policías lo denuncian y es necesario pagar una multa.

Ejercicio 6   Answer the following questions.

1. ¿Es un problema el estacionamiento en zonas rurales o en zonas urbanas?
2. ¿Dónde se permite aparcar en las ciudades?
3. ¿Qué es lo que se mete en un parquímetro?
4. ¿Cómo funciona la máquina especial?
5. ¿Qué hacen los policías si se estaciona ilegalmente?
6. ¿Qué hay que pagar por estacionar ilegalmente?

Ejercicio 7   Figure it out or guess! How do you say...?

1. parking meter
2. coin
3. a fine
4. illegally
5. parking lot
6. to push (a button)
7. to give a summons

Comunicación

Buscando dónde estacionar

CONDUCTOR   Perdone, ¿se permite estacionar aquí?
POLICIA   Aquí, no. Es un cruce de peatones. Hay un
estacionamiento municipal cerca de la plaza.
CONDUCTOR   ¿No hay nada más cerca?
POLICIA   Si quiere, puede doblar a la derecha en la esquina
y buscar en esa calle. Allí hay parquímetros. Es
posible que encuentre uno libre.
CONDUCTOR   ¿Cuál es el tiempo máximo en los parquímetros?
POLICIA   Una hora. Si se queda más tiempo le denunciamos
y hay que pagar una multa.

Ejercicio 8   Answer the questions based on the preceding conversation.

1. ¿Por qué no puede estacionarse donde quiere el conductor?
2. ¿Qué hay cerca de la plaza?
3. ¿Por qué no quiere ir allí el conductor?
4. ¿Qué hay en la próxima calle a la derecha?
5. ¿Por cuánto tiempo se puede estacionar con los parquímetros?
6. ¿Qué pasa si uno se queda más tiempo?

SITUACIONES

Actividad 1

A visitor from Venezuela wants to know the rules of the road in your area. Tell her about speed limits, passing, staying to the right, and anything else you think is important.

Actividad 2

You are in Buenos Aires. Ask a police officer where you can park.

Actividad 3

You return to your car in Madrid and see a traffic officer writing up a parking ticket. Talk your way out of the ticket.

HOJAS DE LA VIDA

Actividad 1

Read the following clause of a rental car contract.

CONDICIONES DE ALQUILER

ACCIDENTES   En caso de accidente, el Arrendatario se compromete a:
a) Obtener datos completos de la parte contraria y posibles testigos,
   cumplimentando un parte de accidente, que remitirá al Arrendador,
   dentro del plazo de cuarenta y ocho horas después de producirse el mismo.
b) No reconocer o prejuzgar la responsabilidad del hecho.
c) Notificar inmediatamente a la Autoridad si la culpabilidad de la otra parte
   debe ser investigada o si hay personas heridas.
d) No abandonar el vehículo alquilado sin tomar medidas adecuadas para
   protegerle.

NOTA   El Arrendatario es la persona que alquila el vehículo.

Answer the questions based on the clause of the contract you just read.

1. ¿De qué trata esta sección del contrato?
2. ¿De quiénes tiene que obtener datos el arrendatario en caso de un accidente?
3. ¿Qué tipo de documento tiene que cumplimentar el arrendatario?
4. ¿A quién tiene que entregar el «parte de accidente»?
5. ¿Cuánto tiempo tiene para entregar el «parte»?
6. Si hay heridos, ¿a quién hay que notificar?

Figure it out, or guess! How do you say…?

1. accident report
2. witnesses
3. fill out (a document)
4. guilt, responsibility
5. period (of time)
6. to notify

Capítulo 10

El hotel

Vocabulario

La llegada

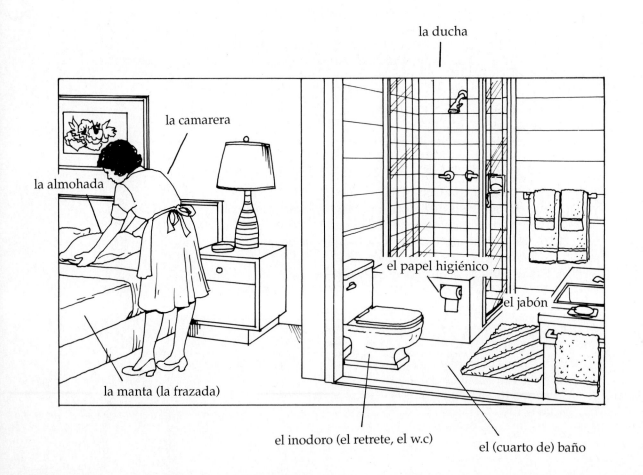

la ducha

la camarera

la almohada

el papel higiénico

el jabón

la manta (la frazada)

el inodoro (el retrete, el w.c)

el (cuarto de) baño

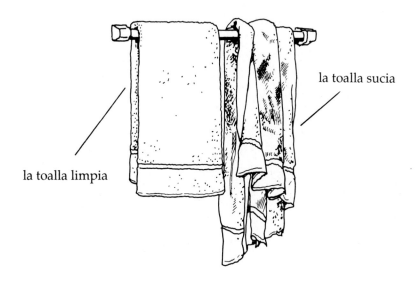

la toalla sucia

la toalla limpia

Read the following:

El **comedor** es un salón del hotel donde sirven la comida a los huéspedes.
La cama es para **dormir.**
La **limpieza** es la actividad de limpiar.
Cuando el hotel está **completo,** no tiene más cuartos **disponibles** para los clientes.
Los hoteles grandes tienen **servicio de lavandería** para lavar la ropa de los huéspedes.
También tienen **servicio de cuartos,** es decir, la gente puede pedir comida y comer en su cuarto.
El **gerente** es el jefe, la persona con autoridad.

la suite   **la confirmación**

Ejercicio 1   Match the word with the object.

1. ____ el cuarto de baño
2. ____ el inodoro
3. ____ la toalla
4. ____ el jabón
5. ____ la almohada
6. ____ el papel higiénico
7. ____ la manta
8. ____ la ducha

Ejercicio 2   Choose the correct completions.

1. Recibí la (ducha/confirmación) de mi reserva por correo.
2. Pero cuando llegué el hotel estaba (disponible/completo).
3. El recepcionista no me ayudó, así que hablé con la (gerente/camarera).
4. Ella me dio (una suite/un comedor) de dos habitaciones.
5. Las habitaciones estaban limpias, pero el (cuarto de baño/jabón) no.
6. Es que no habían terminado con la (agencia/limpieza).
7. Y por eso estaba (sucio/disponible).
8. Pero vinieron a (dormir/limpiar) en seguida.
9. Y me llevaron la ropa sucia. Ellos tienen servicio de (limpieza/lavandería).

Comunicación

En la recepción

HUESPED	¿Tiene una reservación a nombre de Cortés?
RECEPCIONISTA	No la veo, señor. ¿La hizo con nosotros o con una agencia de viajes?
HUESPED	Con Uds. Y aquí tengo una confirmación.
RECEPCIONISTA	Lo siento, señor. Pero el hotel está completo.
HUESPED	¿Y qué hago yo? ¿Dormir en la calle?
RECEPCIONISTA	Un momento. Llamaré al gerente.

Ejercicio 3 Answer with one or two words based on the preceding conversation.

1. ¿Cómo se llama el huésped?
2. ¿Hizo la reservación con una agencia de viajes o con el hotel?
3. ¿El recepcionista tiene la reservación?
4. ¿Qué tiene el señor Cortés?
5. ¿Hay habitaciones?
6. ¿Está contento el señor Cortés?
7. ¿Por qué o por qué no?
8. ¿A quién va a buscar el recepcionista?

Ejercicio 4 Pretend you are Sr. Cortés. Respond to the receptionist.

1. ¿Tiene Ud. una reservación, Sr. Cortés?
2. ¿Con quién hizo Ud. la reservación?
3. ¿Está Ud. seguro que tiene una reservación?
4. ¿Con quién quiere Ud. hablar?

En la habitación (por teléfono)

HUESPED	Oiga, recepción. El cuarto de baño está sucio. No hay toallas. En la ducha hay sólo agua fría. Y no hay papel higiénico en el inodoro.
RECEPCION	Un momento, Sr. Cortés. Voy a mandar a una camarera. Toallas, papel higiénico…y el agua fría. ¿Otra cosa?
HUESPED	¿No es bastante?

Ejercicio 5 Answer the questions based on the preceding conversation.

1. ¿Dónde está el huésped?
2. ¿Con quién habla él?
3. ¿Qué problema tiene con el cuarto de baño?
4. ¿Qué dos cosas no tiene?
5. ¿Qué pasa con la ducha?

Vocabulario

La salida

Ejercicio 6 Complete the following statements.

1. Se paga en la _____.
2. La huésped que sale pide su _____.
3. En la cuenta hay muchos _____.
4. La huésped da su tarjeta de crédito al _____.

Comunicación

En la caja

Huesped	Quisiera pagar, por favor.
Cajero	¿Cuál es el número de su habitación?
Huesped	Número 425. Aquí tiene Ud. la llave.
Cajero	Ah, sí. Aquí está la cuenta. ¿Quiere Ud. *revisarla?*
Huesped	Bien.
	(Después de unos minutos)
	Me parece que hay algunos cargos que no son míos.
Cajero	A ver. ¿Ud. no ha tomado nada del mini-bar?
Huesped	Ah, sí. He tomado unas botellas de agua mineral. Lo siento.
Cajero	¿Quiere Ud. pagar con tarjeta de crédito?
Huesped	Sí.

check it

Ejercicio 7 Answer the questions based on the preceding conversation.

1. ¿Dónde está la huésped?
2. ¿Con quién habla?
3. ¿Qué pregunta el cajero?
4. ¿Cuál es el número de su habitación?
5. ¿Qué le da la huésped al cajero?
6. ¿Qué le da el cajero a la huésped?
7. ¿Qué no entiende la huésped?
8. ¿Qué ha tomado ella del mini-bar?
9. Entonces, ¿los cargos eran suyos?
10. ¿Cómo va a pagar la huésped?

SITUACIONES

Actividad 1

You call to reserve a room at the Hotel Crillón in La Paz.
1. Explain to the clerk that you want them to reserve a suite for you.
2. Tell her you would like a suite overlooking (**dar a**) the plaza.
3. The clerk wants to know your precise dates. Give them to her.
4. You would like a confirmation of the reservation. Tell her.

Actividad 2

The porter has just taken you to your room at the Hotel Savoy in Lima, Perú. You see the bathroom and you are not happy. The bathroom is very dirty. The towels are dirty, too, and there is no soap. You want a maid to clean the bathroom right away. Let the desk know your displeasure.

Actividad 3

You just moved into your room at the Hotel San Antonio in Buenos Aires. You are talking with the clerk at the desk by telephone.
1. Your room is cold. Tell him.
2. You would like another blanket for your bed. Tell him.
3. You would like to know when the dining room opens. Ask him.
4. You would like to know if the hotel has laundry service. Ask him.

Actividad 4

You are checking out of the Hotel Tequendama after spending several days in Bogotá.
1. Ask the cashier for your bill.
2. The cashier wants to know your room number. Tell him.
3. He wants to know if you had any charges this morning. Tell him.
4. You are looking over your bill, and you see two charges that you do not understand. You do not think they are yours. Explain this to the cashier.
5. The cashier asks you if you took anything from the mini-bar in the room. Tell him.
6. He asks if you want to pay in cash or with a credit card. Tell him.
7. Tell him you need a receipt.

HOJAS DE LA VIDA

Actividad 1

Read the following hotel slip and answer the questions based on it.

1. How many people are in what room?
2. What do they have the right to on what day?
3. In which city is this hotel located?

NOTA DE PENSION
_____

El Sr. ....

Habitación n. *233*. Total de personas *2*.

Tienen derecho a los siguientes servicios:

     DESAYUNO ☐ Día ....

     ALMUERZO ☐ Día ....

     CENA   ☒ Día *13/11*

Por ampararlo Bono de la Agencia o

Compañía .... *13* ....

Madrid, *13* de .... *11* ....

El Recepcionista,

Actividad 2

Read the following "guest checklist." Pretend you are Sr. Cortés. Fill out the form. Try to be kind.

Reservaciones

A. Fue su reservación hecha a través de:

Este hotel directamente . . . . ☐
Agencia de Viajes . . . . ☐
Oficina de líneas aéreas. ☐
Su oficina en esta ciudad. . . . . ☐
Otro _____ ☐

B. ¿Al efectuar su reservación, fue atendido
en forma rápida y eficiente . . . . Sí ☐   No ☐
Si no fue así explique por qué _____
_____

Recepción y Servicios

A. Por favor, evalúe el servicio que recibió de:

	Bueno	Regular	Insatisfactorio
Portero	☐	☐	☐
Recepcionista.	☐	☐	☐
Conserje	☐	☐	☐
Botones.	☐	☐	☐
Operadora	☐	☐	☐
Mucama.	☐	☐	☐
Cajero	☐	☐	☐
Servicio de Pisos	☐	☐	☐

B. ¿Fue su entrada y salida atendida con
prontitud y cortesía? . . . .   Sí ☐   No ☐
Comentarios: _____
_____

Habitación

Número de Habitación en esta estadía: ☐

A. Encontró la habitación:
Bien amueblada y cómoda. . . . . Sí ☐   No ☐
Surtida adecuadamente con ceniceros,
colgadores, etc. . . . .   ☐   ☐

B. Encontró Ud. el baño:
Surtido adecuadamente, toallas, jabón, etc. . . . .   ☐   ☐

C. ¿Hay algo en la habitación que le gustaría fuera
cambiado o corregido? . . . .   ☐   ☐
Si es así, especifique qué: _____
_____

Restaurantes

Cómo califica nuestros restaurantes:

	Excelente	Regular	Insatisfactorio
Grill	☐	☐	☐
La Brasserie	☐	☐	☐
Café Les Jardins	☐	☐	☐
Bar Plaza	☐	☐	☐

Por favor comente si hay algo que no resultó de su agrado. _____
_____

Empleados

Fueron nuestros empleados:
Corteses. . . . .   Sí ☐   No ☐
Eficientes.   ☐   ☐
Bien presentados . . . .   ☐   ☐

**¿Tiene Ud. alguna sugerencia para mejorar
nuestro hotel?**

_____
_____

Capítulo 11

Comprando ropa

Vocabulario

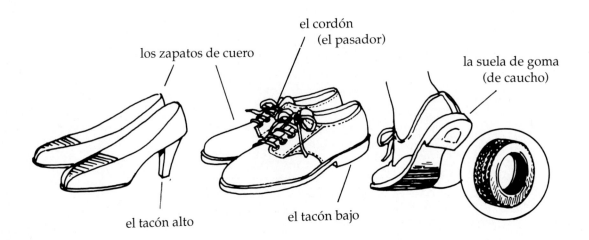

el cordón
(el pasador)

los zapatos de cuero

la suela de goma
(de caucho)

el tacón alto

el tacón bajo

Read the following:

Estos zapatos no me *sientan bien*.	*fit*
Son un poco *estrechos*. No son anchos.	*narrow*
Me *aprietan*.	*pinch*
Están *apretados*.	*tight*

Ejercicio 1 Answer the following questions.

1. ¿Son zapatos de lona o de cuero?
2. ¿Tienen los zapatos suelas de goma o de cuero?
3. ¿Tienen tacón alto o bajo?
4. ¿Tienen cordones (pasadores) los zapatos?
5. ¿Te gustan los zapatos?
6. ¿Son anchos o no?
7. Los zapatos que estás llevando ahora, ¿te sientan bien o te aprietan?

Describiendo la ropa

la blusa rayada
(a rayas)

la bufanda con (de) lunares

el saco cuadrado
(con cuadros)

la corbata con dibujos
de tipo «paisley»

¿Y qué color prefiere Ud.?

una camisa (de color) azul claro	
una camisa azul oscuro	
una camisa azul marino	
un pantalón (de color) *marrón*	*brown, chestnut*
un pantalón crema	
un pantalón beige	
un pantalón café	
un pantalón kaki (caqui)	
un pantalón vino	
un pantalón *gris acero*	*steel grey*
un pantalón verde olivo	

Partes de las prendas

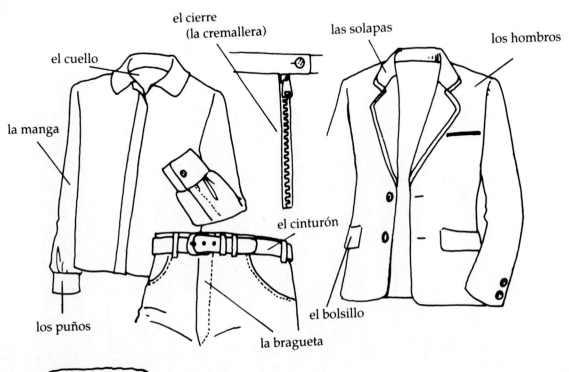

el cierre
(la cremallera)

las solapas

los hombros

el cuello

la manga

el cinturón

los puños

el bolsillo

la braugeta

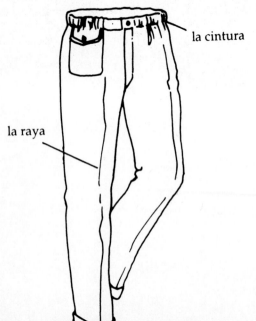

la cintura

la raya

NOTA Los pantalones tienen **vuelta** y la falda
tiene **bajo.**

A complete list of articles of clothing and
fabrics appears on page 73.

la vuelta

Ejercicio 2   Answer the questions based on the illustration.

1. ¿Es una blusa rayada o cuadrada?
2. ¿Tiene mangas cortas o mangas largas la blusa?
3. ¿Tiene un cuello redondo la blusa?
4. ¿Tiene botones o cierre la blusa?
5. ¿Hay puños en las mangas?

Ejercicio 3   Answer the questions based on the illustration.

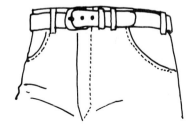

1. ¿Este pantalón? ¿Tiene rayas o no?
2. ¿Tiene bragueta?
3. ¿Tiene cierre (cremallera) o botones?
4. ¿Tiene bolsillos el pantalón?
5. ¿Este pantalón? ¿Se lleva con o sin cinturón?

Ejercicio 4   Identify your favorite color for each of the following items of clothing (prendas).

Indumentaria masculina

1. pantalón
2. saco
3. camisa
4. corbata
5. traje
6. blusón
7. abrigo

Indumentaria femenina

1. falda
2. blusa
3. vestido
4. suéter o jersey
5. bufanda
6. blusón
7. abrigo

Read the following:

> Esta corbata hace juego con el saco.
> Esta corbata armoniza con el saco.
> Este saco combina bien con el pantalón

Ejercicio 5   Answer the following questions.

1. ¿Hace juego una falda rayada con una blusa cuadrada?
2. ¿Armoniza una camisa rayada con una corbata cuadrada?
3. ¿Armoniza bien un saco cuadrado con una camisa rayada y una corbata con motivos gráficos?
4. ¿Combina bien una falda gris con una chaqueta del mismo tono de gris?
5. ¿Combina bien un pantalón beige con un saco marrón oscuro?

Comunicación

En una tienda de ropa para caballeros

DEPENDIENTE	¿En qué puedo servirle, señor?
CLIENTE	Un saco, por favor.
DEPENDIENTE	¿Y su talla (tamaño)?
CLIENTE	Cuarenta y dos.
DEPENDIENTE	¿Quiere Ud. un saco de corte clásico o más bien deportivo?
CLIENTE	Deportivo.
DEPENDIENTE	Pues, tenemos un gran *surtido*. Aquí tengo uno muy deportivo de algodón mezclado con un solo botón. Lo tengo en azul marino y crema.
CLIENTE	¿Me permite verlo en crema?
DEPENDIENTE	Sí, señor. ¡Cómo no! (*Unos minutos más tarde*) ¿Qué tal le gusta?
CLIENTE	Bastante. Me sienta muy bien.
DEPENDIENTE	Y le queda muy bien. Aquí tengo un pantalón que combina muy bien con el saco. Es (Hace) un conjunto fabuloso. ¿Qué le parece?

selection

Ejercicio 6   Choose the correct completions to the statements based on the preceding conversation.

1. El joven quiere comprar un _____.
   a. pantalón   b. saco   c. traje
2. Cuarenta y dos es su _____.
   a. talla   b. edad   c. número

3. Quiere un saco _____.
   a. clásico   b. deportivo   c. impermeable
4. El saco que compra es de _____.
   a. lana   b. poliéster   c. algodón mezclado
5. El saco tiene _____.
   a. un cierre   b. un solo botón   c. tres botones
6. El saco le _____.
   a. sienta bien   b. aprieta   c. envejece
7. El saco es de color _____.
   a. azul marino   b. oscuro   c. crema
8. El dependiente le muestra _____.
   a. una camisa   b. un pantalón   c. un suéter

En una tienda de ropa para señoras

Dependiente	Sí, señorita. ¿En qué puedo servirle?
Cliente	Quisiera una chaqueta y una falda, de estilo deportivo, por favor.
Dependiente	De acuerdo, señorita. Aquí tengo una falda gris acero de largo (que llega) justo a la *rodilla*. *knee*
Cliente	El gris acero es un color neutro que me encanta. La voy a *probar*. *try on* *(Unos minutos más tarde)*
Dependiente	¡Qué elegante se ve Ud.! Y aquí tengo una chaqueta azul oscuro con solapas anchas y botones *dorados*. Combina estupendamente bien con la falda. ¿Qué le parece? *gold*
Cliente	Sí, sí. La verdad es que me gusta.
Dependiente	Y esta bufanda con lunares blancos le da al conjunto el *toque* «extra». *touch*

Ejercicio 7   Answer the questions based on the preceding conversation.

1. ¿Qué quiere comprar la señorita?
2. ¿De qué color es la falda que la dependiente le muestra?
3. ¿Hasta dónde llega la falda?
4. ¿Cómo se ve la señorita en la falda?
5. ¿De qué color es la chaqueta que le sugiere la dependiente?
6. ¿Qué tiene la chaqueta?
7. ¿Son anchas o estrechas las solapas?
8. ¿De qué color son los botones?
9. ¿Qué tiene la bufanda?
10. ¿Qué le da al conjunto la bufanda?

SITUACIONES

Actividad 1

You are in a men's clothing store on the elegant Calle Serrano in Madrid.
You are speaking with a sales clerk. You want to buy a sport coat.
1. The sales clerk wants to know something about your taste. He wants
   to know if you want a classic cut or a more sporty look. Tell him.
2. He asks you what color you want. Tell him.
3. He wants to know your size. Tell him.
4. He wants to know if you prefer wide or narrow lapels. Tell him.
5. He asks you if you want a natural fabric or a synthetic polyester.
   Tell him.
6. Tell him you want a shirt that goes with the jacket.
7. He asks you if you want a long-sleeved or a short-sleeved shirt.
   Tell him.
8. He wants to know if you prefer a particular fabric. Tell him.
9. He wants to know what color shirt you want. Tell him.

Actividad 2

You are in a women's boutique in the Centro Bolívar in Caracas. You are
interested in buying a skirt and blouse. The sales clerk is working with you.
1. She wants to know if you prefer a long skirt or a short skirt. Tell her.
2. She wants to know what fabric you prefer. Tell her.
3. She wants to know what colors you like. Tell her.
4. She wants to know what size blouse you wear. Tell her.
5. She wants to know if you want a long-sleeved or a short-sleeved
   blouse. Tell her.
6. She wants to know if you want cuffs. Tell her.
7. She wants to know if you like blouses with wide lapels. Tell her.
8. She wants to know if you would like stripes. Tell her.
9. She wants to know which fabric you prefer for the blouse. Tell her.

HOJAS DE LA VIDA

Actividad 1

Read the following advertisement from a fashion magazine.

Una moda para los deportes

y los fines de semana,

una moda de vacaciones

resueltamente joven y
desenvuelta,

confortable y sencilla:

los mejores materiales y
cortes

al servicio de la energía.

Choose the correct answers to the questions based on the preceding advertisement.

1. ¿Esta publicidad trata de qué tipo de prendas (ropa)?
   a. clásicas y conservadoras   b. deportivas y cómodas
2. ¿Para cuándo son estas prendas?
   a. para el tiempo libre   b. para el tiempo del trabajo
3. ¿Y cómo son las prendas?
   a. formales   b. informales
4. ¿De qué se hacen?
   a. de mucha energía   b. de muy buenas telas y otros materiales

Find a word in the advertisement you just read that is synonymous with each of the following words.

1. los weekends
2. cómodo
3. definitivamente
4. simple

Actividad 2

Read the following advertisement that appeared in a Spanish men's magazine.

Conjunto masculino:
suéter polo de algodón
con tres botones y pantalón
blanco de sport

In your own words, describe what the young man in the photograph that accompanied this advertisement was wearing.

Actividad 3

Read the following description that appeared in a magazine in Spain.

Para variar, una blusa estilo chaquetón,
en magnífica tela de fino gris acero, que llega
hasta más abajo de las caderas y por lo tanto
alarga y afina la silueta. Para «personalizar»,
un broche bien llamativo, como éste dorado en forma de
cadena, une las solapas y le da vida a la totalidad del
conjunto. ¡Y qué bien se ve sobre falda blanca de largo
justo a la rodilla!

Select the correct completions based on the preceding description.

1. Este artículo describe prendas de _____.
   a. hombre   b. mujer
2. La prenda que se describe es un tipo de _____.
   a. saco   b. blusa
3. El accesorio que se describe es _____.
   a. un chaquetón   b. un broche
4. La prenda que se describe tiene _____.
   a. solapas   b. un broche
5. El contrario de «llamativo» es _____.
   a. apagado   b. brillante

Clothing (La ropa)

bathing suit el traje de baño, el bañador,
    bikini el slip
belt el cinturón
blouse la blusa
blue jeans los blue jeans, los pantalones
    (de) vaquero, los mahones
boot la bota
brassiere el sostén, el corpiño
button el botón
dress el vestido
evening gown el vestido de fiesta
    (de gala)
gloves los guantes
half slip las enaguas
handkerchief el pañuelo
hat el sombrero
jacket el saco, la chaqueta, la campera,
    la americana
necktie la corbata
nightgown la camisa noche, el camisón
outer jacket el blusón
overcoat el abrigo
pajamas las pijamas
panties los pantis, las bragas, las
    bombachas

pantyhose los pantis
pocketbook el bolso, la bolsa
raincoat la gabardina, el impermeable,
    el piloto
robe la bata, el albornoz, el deshabillé
sandals las sandalias
scarf la bufanda
shirt la camisa
shoe el zapato
shoelace el cordón, el pasador
short pants los pantalones cortos
skirt la falda, la pollera
slip la combinación
slipper el zapatillo, la zapatilla, la chinela
sneaker el tenis
socks los calcetines, las medias
stockings las medias
suit el traje (completo)
sweater el suéter, el jersey
trousers el pantalón
tuxedo el smoking
underpants los calzoncillos
undershirt la camiseta
vest el chaleco, la remera

Fabrics (Las telas)

blend una combinación, una mezcla
corduroy la pana
cotton el algodón
cotton blend el algodón mezclado
denim el denim, el algodón asargado
flannel la franela
knit (tejido) de punto
leather el cuero
linen el lino
nylon el nilón
plush la felpa

polyester el poliéster
silk la seda
suede el ante, la gamuza
wool la lana
worsted la mezclilla
virgin wool la lana virgen
shrinkable tela que se encoge
synthetic tela sintética
washable tela lavable
wrinkle-resistant tela inarrugable

Capítulo 12

La tintorería y la lavandería

Vocabulario

la tintorería

la lavandería

la limpieza en (a) seco

limpiar en (a) seco

planchar

lavar

el planchado

el lavado

NOTE   A complete list of articles of clothing and fabrics appears on page 73.

Ejercicio 1   Complete the following statements.

1. Este suéter es de lana. No lo puedo lavar. Lo tienen que _____.
2. Tengo muchísimo lavado. No lo quiero lavar yo mismo. Lo voy a llevar a _____.
3. Este saco está muy arrugado *(wrinkled)*. En la tintorería lo van a _____.
4. _____ se hace (se efectúa) en la tintorería.

Comunicación

En la tintorería

EMPLEADO	¿En qué puedo servirle?
CLIENTE	¿Me puede limpiar en seco esta chaqueta?
EMPLEADO	Sí, señor.
CLIENTE	¿Y cuándo la puedo tener?
EMPLEADO	¿Para cuándo la necesita Ud.?
CLIENTE	Mañana, si es posible.
EMPLEADO	Sí, señor. No hay problema. Pase Ud. mañana a eso de las dos de la tarde y estará lista.
CLIENTE	De acuerdo.

Ejercicio 2 Answer the questions based on the preceding conversation.

1. ¿Dónde está el señor?
2. ¿Qué tiene?
3. ¿Qué van a hacer con la chaqueta en la tintorería?
4. ¿Para cuándo necesita el señor la chaqueta?
5. ¿Se la pueden tener para mañana?
6. ¿A qué hora estará lista?

En la lavandería

CLIENTE	¿Me puede lavar estas dos camisas?	
EMPLEADA	Sí, señorita. ¡Cómo no! ¿Y las quiere planchadas también?	
CLIENTE	Sí, sí. Lavadas y planchadas.	
EMPLEADA	¿Quiere Ud. *almidón*, señorita?	*starch*
CLIENTE	No. Sin almidón, por favor.	

Ejercicio 3 Answer the questions based on the preceding conversation.

1. ¿Qué lleva la señorita a la lavandería?
2. ¿Las quiere lavadas?
3. ¿Y qué más quiere?
4. ¿Quiere almidón?

SITUACIONES

Actividad 1

You are in a dry cleaner's in Santo Domingo.
1. You have a suit you want cleaned and pressed. Tell the clerk.
2. Ask when you can have it.
3. The clerk wants to know when you need it. Tell him.

Actividad 2

You are in a laundry in Puerto Plata in the Dominican Republic.
1. You have two regular shirts and two T-shirts you want washed. Tell the clerk.
2. She wants to know if you want starch in the shirts. Tell her.
3. She wants to know if you want them ironed. Tell her you want the shirts ironed but not the T-shirts.

HOJAS DE LA VIDA

Actividad 1

Look at the price list on the following page for laundry service at the Plaza Hotel in Buenos Aires. Answer the following questions based on the price list.

1. ¿Para qué es esta lista?
2. ¿Dónde se usará esta lista?
3. ¿Cuál es la diferencia entre el «servicio especial» y el «servicio normal»?
4. ¿Cuánto tiempo toma el servicio especial de planchado?
5. ¿En qué moneda están los precios?
6. ¿Cuál es más caro, el planchado o la limpieza a (en) seco?
7. ¿Qué número de teléfono se llama para este servicio?

Figure it out, or guess! How do you say ...?

1. surcharge
2. holidays
3. return
4. gentlemen
5. ladies
6. pressing, ironing
7. evening gown
8. amount

LISTA DE LAVANDERIA

PLAZA HOTEL
BUENOS AIRES

NOMBRE: _____

HAB.: _____

FECHA: _____

CANT.	LAVANDERIA CABALLEROS	PRECIO U$S	CANT.	LIMPIEZA A SECO Y PLANCHADO	PRECIO U$S *
	REMERAS	1.70		TRAJES	5.00
	CAMISAS	2.00		TRAJES DE HILO	6.00
	CAMISAS DE SEDA	2.50		SMOKINGS	6.00
	CAMISAS ETIQUETA	2.50		SACOS	3.00
	CAMISETAS	0.80		PANTALONES	2.50
	MEDIAS	0.80		ABRIGOS	6.00
	CALZONCILLOS	0.80		PILOTOS	6.00
	PAÑUELOS	0.80		CORBATAS	1.50
	PIJAMAS	1.50		CAMPERAS	3.00
	PIJAMAS DE SEDA	2.00		POLLERAS	2.50
				POLLERA TABLEADA	3.00
				VESTIDOS	5.00
	DAMAS			VESTIDOS DE FIESTA	6.00
	BLUSAS	2.00			
	BLUSAS DE SEDA	2.50			
	CAMISONES	1.50			
	COMBINACIONES	1.50		**PLANCHADO**	
	CORPIÑOS	0.80		TRAJES	3.00
	DESHABILLES	2.50		TRAJES DE HILO	4.00
	MEDIAS	0.80		SMOKINGS	4.00
	PAÑUELOS	0.80		SACOS	2.00
	BOMBACHAS	0.80		PANTALONES	2.00
				ABRIGOS	3.00
				PILOTOS	3.00
	ROPA DE NIÑOS			CORBATAS	1.00
	CAMISA	1.70		CAMPERAS	2.00
	CAMISETAS	0.80		POLLERAS	2.00
	CAMISONES	1.70		POLLERA TABLEADA	2.50
	PIJAMAS	1.70		VESTIDOS	3.00
	BOMBACHITAS	0.80		VESTIDOS DE FIESTA	4.00

*Estos precios incluyen I.V.A.

POR FAVOR LLAME UD. MISMO A LA LAVANDERIA Nº 1 Y Nº 8	
Servicio diario 7 a 17 hs. - Domingos y Feriados cerrado	

FAVOR INDICAR SERVICIO DESEADO

☐ SERVICIO ESPECIAL
Entrega hasta 9.30 - Recargo 30% . Devolución en el día

☐ SERVICIO NORMAL
Se devolverá al día siguiente

☐ SERVICIO ESPECIAL DE PLANCHADO
Recargo 30% · Pedido antes de las 17 hs.
se devolverá en dos horas

El importe correspondiente sera calculado en australes al cambio turistico del día de la fecha del servicio.

Capítulo 13

La barbería y la peluquería

Vocabulario

En la barbería

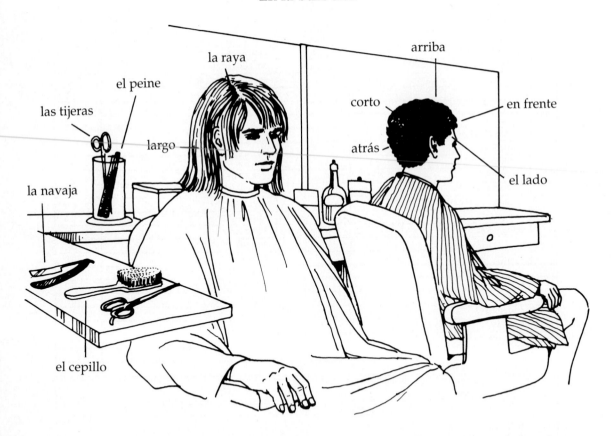

Read the following:

El barbero me va a cortar el pelo con las tijeras.
Y después me va a peinar con el peine.

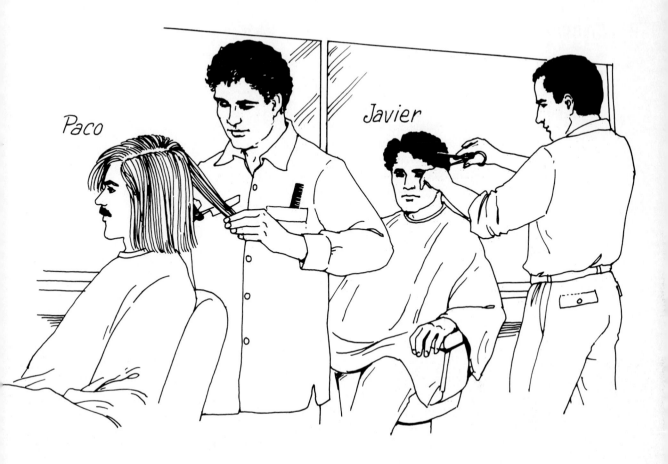

Paco

Javier

Ejercicio 1 Is it Paco or Javier? Answer based on the preceding illustration.

1. Le gusta el pelo largo.   (P)   (J)
2. Prefiere la raya a la derecha.   (P)   (J)
3. Su barbero usa una navaja.   (P)   (J)
4. Lleva el pelo corto.   (P)   (J)
5. Lleva la raya a la izquierda.   (P)   (J)
6. El barbero usa las tijeras.   (P)   (J)

Ejercicio 2 Answer with one word based on the preceding illustration.

1. ¿Cómo es el pelo de Javier?
2. ¿Con qué corta el barbero el pelo de Paco?
3. ¿Qué lleva Javier a la izquierda?
4. ¿Para qué usa el barbero las tijeras?
5. ¿Para qué usa el peine?

Comunicación

En la barbería

BARBERO	Buenos días, señor. ¿Qué se le ofrece?
CLIENTE	Necesito un corte de pelo.
BARBERO	¿Largo o corto atrás?
CLIENTE	Largo, pero corto por los lados y en frente.
BARBERO	¿Navaja o tijeras?
CLIENTE	Navaja. Está más bonito así.
BARBERO	¿Lleva la raya a la izquierda o a la derecha?
CLIENTE	En el medio.

Ejercicio 3   Complete the statements based on the preceding conversation.

1. El señor quiere un corte de _____.
2. Quiere el pelo _____ atrás.
3. Por los lados y en frente quiere el pelo _____.
4. El barbero va a cortar el pelo con una _____.
5. El cliente quiere la raya en el _____.

Ejercicio 4   Answer the questions based on your own experience.

1. ¿Prefieres el pelo largo o corto?
2. ¿Qué usa el barbero para cortar tu pelo?
3. ¿Llevas raya? ¿A qué lado?
4. ¿Cuánto cuesta un corte de pelo?
5. ¿Cómo se llama tu barbero?
6. ¿Prefieres usar un cepillo o un peine?

Vocabulario

En la peluquería

(el pelo) rizado   (el pelo) liso   la permanente

el rizado   el lavado   el champú

Ejercicio 5   Choose the correct completions.

1. Quiero lavarme el pelo con (una permanente/un champú) delicado.
2. Nunca me lavo el pelo en casa, prefiero un (rizado/lavado) en la peluquería.
3. El pelo mío no tiene forma, es muy (liso/rizado).
4. Yo lo prefiero muy (liso/rizado).
5. Si lo quiero rizado tengo que pedir (una permanente/un champú).

Comunicación

En la peluquería

PELUQUERA   Buenas tardes, señorita.

CLIENTE   Buenas. Tengo el pelo muy liso. Lo prefiero rizado.
Quiero un corte y una permanente.

PELUQUERA   Entonces quiere un lavado también.

CLIENTE   Pues, sí. Y con un fino champú francés.

PELUQUERA   Muy bien. ¿Algo más?

CLIENTE   Sí. Un *peinado* moderno y elegante.   *hairstyle*

Ejercicio 6   Answer with one word based on the preceding conversation.

1. ¿Cuál es la profesión de la señora que está trabajando?
2. ¿Quiere la cliente un corte, un rizado o los dos?
3. ¿Qué le recomienda la peluquera?
4. ¿Con qué va a lavar el pelo?
5. ¿Qué quiere la cliente que sea moderno y elegante?

SITUACIONES

Actividad 1

You are spending your vacation in Quito, Ecuador, and your hair is getting too long. You decide to go to the barber shop.

1. Tell the barber you want a haircut.
2. He asks you how you want your hair cut. Tell him.
3. He wants to know if you want a part and, if so, where. Tell him.
4. He asks you if you prefer that he use the razor or scissors. Tell him.

Actividad 2

You are at a beauty salon in Madrid.

1. Tell the stylist that you want a set and a comb out **(peinado).**
2. She wants to know if you want a shampoo. Tell her.
3. The stylist asks if you prefer curly or straight hair. Explain to her how you would like it.

HOJAS DE LA VIDA

Actividad 1

Read the following advertisement.

Con la suavidad de siempre, te presentamos el nuevo champú suave Magno. Un champú con la soltura que tu pelo pide.

CHAMPU Magno La Toja

Con el brillo que tú quieres. Natural. Y con la frecuencia que tú necesitas. Pruébalo. Es nuevo. Es para ti. Y para tu familia.

Match the words with their descriptions based on the advertisement you just read.

1. ____ la marca del producto
2. ____ lo que se lava con el producto
3. ____ una característica del producto
4. ____ la compañía que produce el producto

a. la toja
b. natural
c. el pelo
d. Magno
e. champú

Match the English words with their Spanish equivalents.

1. ____ softness
2. ____ soft
3. ____ shine
4. ____ freedom

a. suave
b. la soltura
c. la suavidad
d. el brillo

Capítulo 14

Comprando comestibles

Vocabulario

la bodega (el colmado, la pulpería, la tienda
de ultramarinos, la tienda de abarrotes)

el hípermercado

el supermercado

la bolsa (plástica, de papel)

empujar el carrito

NOTE   A complete list of food items appears on pages 89-91. This is a reference list; do not try to memorize it. This list also appears in the other books in this series.

Read the following:

¿Cómo se dice *grocery store* en español? Pues, es una pregunta un poco problemática porque la verdad es que hay varias maneras de decir *grocery store.* La palabra **bodega** se usa en muchas partes de Latinoamérica y por consiguiente es la palabra que debes usar activamente. Pero se oye también el **colmado,** sobre todo en Puerto Rico y en otras zonas del Caribe. En México se dice la **tienda de abarrotes** o sólo la **abarrotes.** En España se oye la **tienda de ultramarinos** que significa literalmente «del otro lado del mar (océano)» porque en estas tiendas suelen *(tend)* vender productos o comestibles importados. La **pulpería,** una palabra que se oye en muchas regiones de Latinoamérica, puede ser un *grocery store* o, más bien, un *general store.*

En cuanto a la palabra **supermercado,** no hay ninguna diferencia entre un supermercado de los Estados Unidos y el de un país hispano. La mayoría de los supermercados grandes se encuentran (están) en las afueras de las ciudades, sobre todo en los nuevos centros comerciales *(malls)* de los suburbios.

El **hípermercado** es una tienda grande donde se venden comestibles como en el supermercado, pero además de vender comestibles se vende toda clase de mercancías *(merchandise).*

Ejercicio 1 Give the word being defined.

1. una tienda no muy grande donde se venden comestibles
2. lo que se empuja por los pasillos de una sección a otra de un supermercado
3. cosa o mejor dicho receptáculo en que se ponen los comestibles para llevarlos a casa
4. una tienda grande donde se venden comestibles y una variedad de otras mercancías

El precio

¿A cuánto está el lechón?
¿A cómo es el lechón? El lechón está a 200 el kilo.

¿A cuánto están los huevos?
¿A cómo son los huevos? Los huevos son a 15 la pieza.

Ejercicio 2 Answer the questions based on the cues.

1. ¿A cómo son los huevos hoy? *125 la docena*
2. ¿A cuánto están los tomates? *200 el kilo*
3. ¿A cuánto está la lechuga? *20 cada una*
4. ¿A cómo es el tocino? *75 el kilo*

Comunicación

En la verdulería

CLIENTE Buenos días, don Pepe.
DON PEPE Buenos días, señora López.
CLIENTE Don Pepe, ¿a cuánto están los tomates hoy?
DON PEPE ¿Los tomates? A 200 el kilo.
CLIENTE ¡Qué caros! Déme medio kilo, don Pepe.
DON PEPE ¿Y otra cosa, señora?
CLIENTE ¿A cómo es la lechuga?
DON PEPE Veinte cada una (la pieza).
CLIENTE Muy bien. Déme una, por favor. Y es todo, gracias.
           ¿Me puede poner todo en una bolsa?
DON PEPE Sí, sí. ¡Cómo no, señora!

Ejercicio 3 Answer the questions based on the preceding conversation.

1. ¿Dónde está la señora?
2. ¿Qué compra?
3. ¿A cuánto están los tomates?

4. ¿Cuántos compra la señora?
5. ¿Y la lechuga? ¿A cómo es?
6. ¿Cuántas compra la señora?
7. ¿Quiere algo más la señora?
8. ¿En qué pone los tomates y la lechuga don Pepe?

SITUACIONES

Actividad 1

You are in a butcher shop in San Juan, Puerto Rico. You want to buy pork chops **(chuletas de cerdo).**
1. You want to know the price. Ask the butcher.
2. He tells you. Ask him how many there are in a kilo.
3. Tell him you want four chops, not too thick **(gruesas).**
4. The butcher asks you if you want something else. Answer him.
5. Ask him how much it is.

HOJAS DE LA VIDA

Actividad 1

Read this advertisement from the newspaper *El Clarín* of Buenos Aires.

Answer the questions based on the preceding advertisement.

1. ¿Cómo se llama la tienda?
2. ¿Qué se vende en la tienda?
3. ¿Cuál es la dirección de la tienda?
4. ¿Cuáles son sus horas?
5. ¿Cuál es el día que se cierra (está cerrada)?
6. ¿A cuánto está la corvina?
7. Y los camarones, ¿cómo se venden?
8. ¿A cuánto están los camarones?
9. ¿Las ostras? ¿Están bien frescas?
10. ¿Y a cómo son las ostras?

In the advertisement, how are the following expressions stated?

1. Every Friday
2. Jumbo gives you more.
3. Everything reduced
4. We feature

Give the words for the following abbreviations that are used in the advertisement.
1. kg.
2. Av.
3. doc.
4. hs.

Foods (Los comestibles)

Vegetables (Los vegetales, las legumbres)

artichoke   la alcachofa, la cotufa
asparagus   los espárragos
beans   las judías, los frijoles, las habichuelas,
   los porotos
beans (green)   las judías verdes, los ejotes,
   las vainitas, las chauchas, los porotos
   verdes, las verduras
beet   la remolacha, el betabel, la beteraba,
   la betarraga
broad beans   las habas
broccoli   el brocolí
Brussels sprouts la col de Bruselas, los bretones
cabbage, red   la col morada
caper   la alcaparra
carrot   la zanahoria
cassaba   la yuca
cauliflower   la coliflor
celery   el apio
chard   las acelgas
chick peas   los garbanzos
chicory   la achicoria
corn   el maíz, el elote, el choclo
cucumber   el pepino
eggplant   la berenjena
endive   la escarola, la endibia
garlic   el ajo
leek   el puerro
lentils   las lentejas
lettuce   la lechuga
lima beans   las habas de lima, las habaitas
   pallares
mushroom   la seta, el champiñón, el hongo
onion   la cebolla
parsnip   la chirivía
peas   los guisantes, los chícharos, las
   alberjas
peppers   los pimientos, los morrones,
   los poblanos, los ajíes, los chiles
potato   la papa, la patata
pumpkin   la calabaza, el zapallo

radish   el rábano
rice   el arroz
spinach   las espinacas
squash   el calabacín, el zapallo
sweet potato   la batata, el camote
turnip   el nabo
watercress   los berros
zucchini   el calabacín

Fruits (Las frutas)

apple   la manzana
apricot   el albaricoque, el damasco
avocado   el aguacate, la palta
banana   el plátano, la banana, el guineo
blackberry   la mora
cherry   la cereza, la guinda
coconut   el coco
currant   la grosella
date   el dátil
fig   el higo
grape   la uva
grapefruit   la toronja, el pomelo
guava   la guayaba
lemon   el limón
lime   la lima, el limón
melon   el melón
orange   la naranja, la china
papaya   la papaya
peach   el melocotón, el durazno
pear   la pera
pineapple   la piña
plum   la ciruela
pomegranate   la granada
prune   la ciruela pasa
raisins   las (uvas) pasas
raspberry   la frambuesa
strawberry   la fresa, la frutilla
tomato   el tomate, el jitomate
watermelon   la sandía
wild strawberry   la fresa silvestre

Meats   **(Las carnes)**
bacon   el tocino
beef   la carne de res, el bife
blood pudding   la morcilla
brains   los sesos
cold cuts   los fiambres
filet mignon   el lomo fino
goat   el cabrito, el chivo
ham   el jamón
hard sausage   el chorizo
heart   el corazón
kidneys   los riñones
lamb   el cordero, el borrego
liver   el hígado
meatballs   las albóndigas
oxtail   el rabo de buey (de toro), la cola de res
pork   el cerdo, el puerco, el chancho
sausage   la salchicha
suckling pig   el lechón, el cochinillo
sweetbreads   las mollejas
tongue   la lengua
tripe   la tripa, el mondongo, los callos,
     las pancitas, el menudo
veal   la ternera

Fish and shellfish   **(Pescados y mariscos)**
anchovies   las anchoas, los boquerones
barnacles   los percebes
bass   el robalo, la lubina
clams   las almejas, las conchas
cod   el bacalao
crab   el cangrejo;   *land crab*   la jaiba,
     el juey
crayfish   la cigala
eel   la anguila
flounder   el lenguado, el rodaballo,
     la platija
frogs' legs   las ancas de rana
grouper   el mero
hake   la merluza
herring   el arenque
lobster   la langosta
mackerel   la sierra
mussel   el mejillón, la cholga

octopus   el pulpo
oyster   la ostra, el ostión
plaice   la platija
prawns   los camarones, los langostinos,
     las gambas
red snapper   el guachinango, el pargo,
     el huachinango, el chillo
salmon   el salmón
sardine   la sardina
sea bass   el mero, la lubina, el robalo
sea urchin   el erizo
shrimp   el camarón, la gamba, el langostino
snail   el caracol
sole   el lenguado
squid   el calamar, el chipirón
swordfish   el pez espada
trout   la trucha
tuna   el atún
turbot   el rodaballo
weakfish   la corbina
whiting   el romero

Fowl and game   **(Aves y caza)**
capon   el capón
chicken   el pollo
duck   el pato
goose   el ganso
partridge   la perdiz
pheasant   el faisán
pigeon   el pichón
quail   la codorniz
squab   el pichón
turkey   el pavo, el guajolote

Condiments, sauces, and spices
     (Condimentos, salsas y especias)
annatto   el achiote
anise   el anís
basil   la albahaca
bay leaf   el laurel
capers   las alcaparras
cinnamon   la canela
coriander   el cilantro, el culantro
dill   el eneldo

garlic el ajo
ginger el jengibre
ketchup la salsa de tomate, el catsup
marjoram la mejorana
mayonnaise la mayonesa, la mahonesa
mint la menta
mustard la mostaza
nutmeg la nuez moscada
oregano el orégano
paprika el pimentón dulce
parsley el perejil
pepper la pimienta; *red hot pepper*
    el ají, la guindilla, el chile
rosemary el romero
saffron el azafrán
salt la sal
sesame el ajonjolí
tarragon el estragón
thyme el tomillo
vanilla la vainilla

Eggs (Los huevos)
fried eggs los huevos fritos
hard-boiled eggs los huevos duros
poached eggs los huevos escalfados
scrambled eggs los huevos revueltos
soft-boiled eggs los huevos pasados por
    agua, los huevos tibios

Sweets (Los dulces)
cake el pastel, la torta, la tarta, el queque
candy el caramelo, el dulce, la confitura,
    el bombón
caramel custard el flan
doughnut el churro, la dona
honey la miel
ice cream el helado
jam la mermelada
Jello la gelatina
sponge cake el bizcocho, el bizcochuelo
syrup el jarabe, el sirope, el almíbar
tart la tarta

Beverages (Las bebidas)
aperitif el aperitivo
beer la cerveza; *tap beer* la cerveza de
    barril, la cerveza de presión
cider la sidra
coffee el café; *black coffee* el café solo;
    coffee with milk el café con leche;
    expresso el café exprés
juice el jugo, el zumo
lemonade la limonada
milk la leche
milk shake el batido
mineral water el agua mineral; *carbonated*
    con gas; *noncarbonated* sin gas
soda la soda, la gaseosa, la cola
tea el té; *iced tea* el té helado
wine el vino; *red wine* el vino tinto;
    white wine el vino blanco

Miscellaneous
baking powder el polvo de hornear
biscuit la galleta
bread el pan
butter la mantequilla
cheese el queso
cornstarch la maicena
cream la crema, la nata
egg yolk la yema de huevo
gravy la salsa
juice el jugo, el zumo
lard la manteca
noodles los fideos
nuts las nueces (s. la nuez)
oil el aceite
olive la aceituna
olive oil el aceite de oliva
peanut el cacahuate, el cacahuete, el maní
roll el panecillo, el bollo, el bolillo
sandwich el bocadillo, el sándwich
spaghetti los espaguetis, los tallarines
sugar el azúcar
vinegar el vinagre

Capítulo 15

El restaurante

Vocabulario

El cubierto

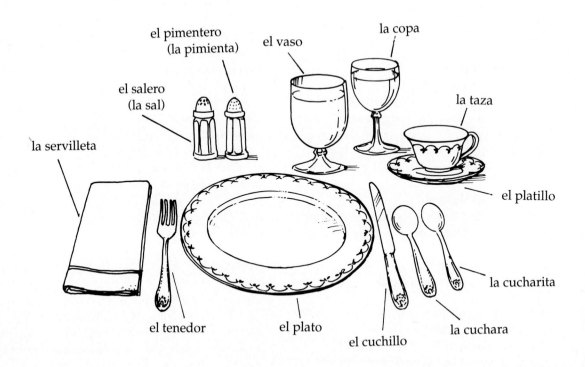

el vino (tinto o blanco)

el café exprés (el cafecito)

la cafetera

La preparación o la cocción

The following expressions progress from the rarest to the most well-done:

poco asado, casi crudo
un poco rojo pero no crudo
a término medio
bien asado, bien hecho, bien cocido

Note   A complete list of food items appears on pages 89-91. A list of the ways in which foods are frequently prepared appears on page 98.

Ejercicio 1   Tell what you would ask the waiter for if the following occurred.

1. No tienes con qué comer la sopa.
2. No tienes con qué cortar la carne.
3. No tienes con qué tomar el vino.
4. No tienes con qué tomar el agua.
5. No tienes con qué tomar el café.
6. No tienes con qué limpiar la boca.
7. No tienes sal.
8. No tienes pimienta.
9. En tu mesa no hay (faltan) todos los utensilios para una persona.

Ejercicio 2 You are going to order the following food items. Tell the waiter how you would like them cooked.

1. un biftec
2. una chuleta de cerdo
3. una chuleta de cordero
4. una pechuga de pollo
5. una hamburguesa
6. un entrecote, un solomillo

Ejercicio 3 Give the Spanish word that indicates the following preparation. Refer to the expressions on page 98 to do this exercise.

1. boiled in water
2. deep fried in oil
3. cooked on an open grill
4. cooked lightly in butter in a frying pan
5. steamed
6. done in a roasting pan
7. cooked in liquid over a low heat
8. cooked for hours over a low heat

Ejercicio 4 Answer.

¿En qué consiste un cubierto en un restaurante típico?

Comunicación

Al llegar al restaurante

MAITRE	Buenas noches, señores. ¿Tienen Uds. una reservación (reserva)?
UD.	No, no tenemos una reservación.
MAITRE	¿Y cuántos son Uds.?
UD.	Somos (tell him how many are in your party).
MAITRE	¿Prefieren Uds. una mesa aquí o afuera en el patio?
UD.	En el patio, por favor.
MAITRE	De acuerdo. Por aquí, por favor.

Ejercicio 5 Answer the questions based on the preceding conversation.

1. ¿Adónde llegan Uds.?
2. ¿Quién habla con el maitre? ¿Ud.?
3. ¿Uds. tienen una reservación o no?
4. ¿Cuántos son Uds.?
5. ¿Quieren Uds. una mesa en el restaurante o afuera en el patio?

En el restaurante

UD.	Mesero, el menú, por favor.
MESERO	Sí, señor. A sus órdenes.
	(Trae el menú.)
UD.	¿Cuál es la especialidad de la casa?
MESERO	Pues, la especialidad de la casa es la paella a la valenciana. Es un plato que lleva arroz, mariscos—camarones, almejas, mejillones—pollo, pedacitos de cerdo, chorizo. Es un plato delicioso y se lo recomiendo.
UD.	Para mí, la paella como Ud. recomienda.
MESERO	Y la paella, la preparamos a la orden. Tardará unos cuarenta y cinco minutos.
UD.	Está bien.
	(Después)
MESERO	¿Algún postre? El flan está muy bueno, riquísimo.
UD.	El flan, por favor. Y un café.
MESERO	¿Solo o con leche?
UD.	*(Give your preference.)* Y luego me puede traer la cuenta, por favor. Y dígame, por favor, ¿está incluído el servicio?
MESERO	Sí.
UD.	¿Y aceptan Uds. tarjetas de crédito?
MESERO	Sí, sí. Aceptamos _____ y _____.

Ejercicio 6 Complete the following story about your evening at a Spanish restaurant.

Anoche fuimos a un _____ español. Yo le pedí el _____ al mesero. El nos trajo el menú y nos describió la _____, una paella a la valenciana. Yo pedí _____. Estaba deliciosa, _____. De _____ yo pedí el flan. Me gustó mucho. Después del postre, tomé un café _____. Luego yo pedí la _____ al mesero. El _____ estaba incluído pero yo dejé una _____ para el mesero porque él nos dio un servicio muy bueno. Pagué la cuenta con _____.

Ejercicio 7 To the best of your ability, tell the restaurant story in your own words.

SITUACIONES

Actividad 1

You are having dinner at a seafood restaurant in Viña del Mar in Chile.
1. Call the waiter over and ask him what the house specialty is.
2. You decide you want the house specialty. Order it.
3. The waiter asks you if you want wine. Tell him.
4. Explain to him that since you are having seafood, you want a white wine.
5. Ask him if he can recommend a good white dry **(seco)** Chilean wine.

Actividad 2

You are in a small restaurant in Buenos Aires. The beef in Argentina is so good you will probably order a steak.
1. You decided you do want a steak **(churrasco).** Tell the waiter.
2. He wants to know how you want it prepared. Tell him.
3. Tell him you also want fried potatoes and a salad.
4. You do not have a knife. Ask the waiter for one.
5. He wants to know if you want wine. Tell him you want a half bottle **(media)** of red wine.
6. Tell the waiter what you want for dessert.
7. Order coffee the way you like it.
8. Ask the waiter for the check.
9. Find out if you can pay with a credit card.

HOJAS DE LA VIDA

Actividad 1

Read the following advertisement that appeared in the *ABC*, a newspaper in Madrid.

Give the following information based on the advertisement you just read.

1. el nombre del restaurante
2. sus especialidades
3. la dirección del restaurante
4. el nombre del chef
5. el número de líneas telefónicas
6. el día que se cierra

restaurante
BERRiZ
[ALTA COCINA]

Especialidades en:
Platos vascos

Chef: **Joseba Gorrichategui**
Las mejores carnes asadas a las brasas

Andrés Valenzuela
Primer maestro asador de la Estacia
de Buenos Aires

REPOSTERIA PROPIA
Le esperamos en:
Calle Francisco Gervás, 12 y 14
(Entre las calles Orense y Capitán Haya)
Reserva a los
Tels. 270 71 71 - 270 76 06 - 270 77 03
Contamos con excelentes comedo-
res privados
Servicio de aparcacoches
Cerramos domingos

*Note the typographical error in the advertisement. The restaurant **La Estacia** is actually **La Estancia.**

Answer the following question.

La Estancia es un restaurante famoso de Buenos Aires que se especializa en el famoso bife argentino. Según la publicidad, ¿quién había trabajado como cocinero en la Estancia?

How are the following expressed in the advertisement?

1. valet parking
2. haute cuisine
3. charcoal broiled
4. we have

Actividad 2

Here is a menu from a very old and famous Madrid restaurant, Casa de Botín. Read the menu and select your fare for the evening.

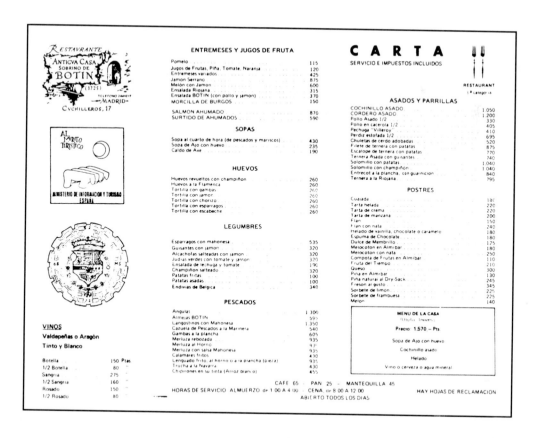

Ways of preparing foods (Maneras de preparar la comida)

baked   asado (al horno)
boiled   hervido
breaded   empanado
broiled   a la parrilla
chopped   picado
deep fried   a la romana
dipped in egg or batter   rebozado
fried   frito
grilled   a la parrilla, a la plancha, a la(s) brasa(s)

in its own juices   en su jugo
marinated   en escabeche, escabechado
poached   escalfado
roasted   asado
sautéed   salteado
smoked   ahumado
steamed   al vapor
stewed   estofado

Capítulo 16

Preparando la comida

Vocabulario

La cocina

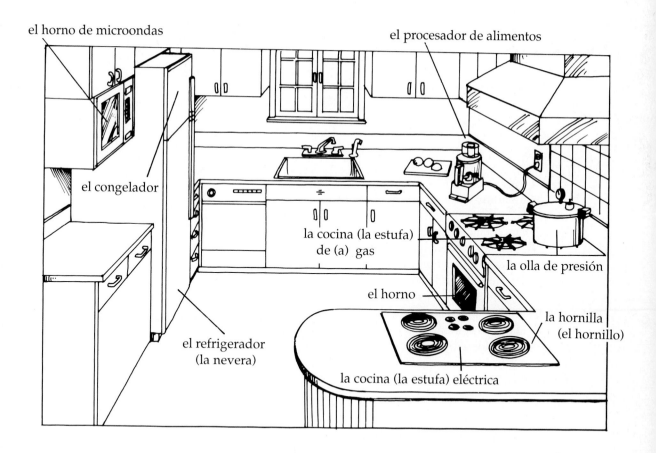

el horno de microondas

el procesador de alimentos

el congelador

la cocina (la estufa) de (a) gas

la olla de presión

el horno

la hornilla (el hornillo)

el refrigerador (la nevera)

la cocina (la estufa) eléctrica

Ejercicio 1   Answer the questions based on the illustrations on the following page.

1. ¿Es un horno de (a) gas o un horno de microondas?
2. ¿Es la cocina o el comedor?
3. ¿Es una cocina eléctrica o de (a) gas?
4. ¿Cuál es otra palabra que significa «cocina»?
5. ¿Cuántas hornillas tiene la cocina?
6. ¿Es un procesador de alimentos o una olla de presión?
7. ¿Es una sartén o una cacerola?
8. ¿Cuántos mangos tiene la sartén?
9. ¿Es la tapa o el mango?
10. ¿Es una caldera o un molde?

Ejercicio 2   Answer.

1. ¿Tiene la cocina una estufa eléctrica o de (a) gas?
2. ¿Tiene la nevera un congelador?
3. ¿Hay una tapa en la olla de presión?
4. ¿Tiene dos mangos la caldera?
5. ¿Se cocina rápido en un horno de microondas?
6. ¿Se cocina rápido en una olla de presión?
7. ¿Es conveniente tener un horno de limpieza automática?

(1)

(2, 3, 4, 5)

(6)

(7, 8)

(9)

(10)

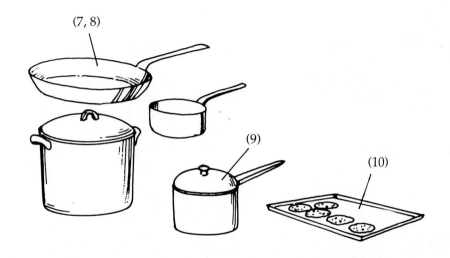

Maneras de cocinar

hervir   A veces se hierven las legumbres.
freír   Se fríe el pollo.
asar en el (al) horno   Se asa la papa.
asar a la parrilla   Se asa la carne a la parrilla.
saltear   Se saltea el pescado en una sartén.

NOTE   A complete list of food items appears on pages 89-91. A list of ways in which foods are frequently prepared appears on page 98.

Ejercicio 3   Answer the following questions.

1. ¿Cómo se preparan o se cocinan las papas?
2. ¿Cómo se prepara o se cocina un filete de pescado?
3. ¿Cómo se preparan los camarones?
4. ¿Cómo se prepara la langosta?
5. ¿Cómo se prepara la carne?
6. ¿Cómo se prepara el pollo?

Comunicación

En la cocina

ALICIA   Pues, Roberto. ¿Qué estás cocinando esta noche?
ROBERTO   Estoy preparando una comida muy «americana».
ALICIA   Pues, dime. ¿Qué?
ROBERTO   Para empezar, un coctel de camarones.
ALICIA   ¡Qué bien! ¿Ya los has hervido?
ROBERTO   Sí, en este momento están enfriándose en la nevera.
ALICIA   ¿Y qué más?
ROBERTO   El pollo frito. Y no lo voy a freír hasta el último momento.
ALICIA   ¿Qué piensas servir con el pollo frito?
ROBERTO   Papas asadas al horno. Por poco se me olvida. Tengo que poner las papas en el horno ahora. Tienen que asar (cocinar) casi una hora. Y como verdura, voy a servir espinacas salteadas en un poco de aceite y ajo. ¿Qué te parece?
ALICIA   Como siempre—¡delicioso! Pero no entiendo por qué la llamas una comida «americana».

Ejercicio 4 In your own words, give Robert's menu for the evening.

Ejercicio 5 Correct the following false statements.

1. Alicia va a cocinar.
2. Roberto va a servir un coctel de langosta.
3. Ya ha frito los camarones.
4. Los camarones están calentándose en el horno.
5. Roberto va a servir pollo asado.
6. El va a asar el pollo a la parrilla.
7. El va a freír las papas en una sartén.
8. El va a hervir las espinacas en agua con limón y una pizca *(pinch)* de sal.

SITUACIONES

Actividad 1

You are visiting the Jiménez family in Caracas, Venezuela. Tonight you are going to prepare the dinner for them.

1. The Jimenezes want to know if you are going to be very "American" and make them hamburgers. Tell them no.
2. They ask you what you are going to make. Tell them you are going to make chicken.
3. They want to know how you are going to prepare the chicken. Tell them you do not know if you are going to fry it or grill it.
4. Ask them how they prefer the chicken.
5. Mrs. Jiménez wants to know if you dip the chicken in batter **(rebozar),** frying it like most Americans. Tell her you do not. Tell her you sauté it in oil and garlic.
6. The Jimenezes tell you that they like chicken prepared thay way. Ask Mrs. Jiménez if she has a large skillet.
7. Tell them that you are also going to prepare potatoes. Explain that since you plan to fry the chicken, you will not serve fried potatoes. You are going to bake the potatoes.
8. You also have some vegetables. Ask Mrs. Jiménez if she has a pot to cook the vegetables in.
9. She wants to know if you want a lid. Tell her.

HOJAS DE LA VIDA

Actividad 1

Read the following advertisement that appeared in *El Mundo*, a newspaper in San Juan, Puerto Rico.

Answer the questions based on the advertisement you just read.

1. ¿Qué está ofreciendo la tienda?
2. ¿Qué día de fiesta es?
3. ¿Cuántas piezas hay en el juego?
4. ¿De qué son las ollas?
5. ¿Y de qué es la base de cada olla?
6. Según la publicidad, ¿cuál es la ventaja que tiene esta base?
7. ¿Tienen tapas las ollas?
8. ¿De qué son las tapas?
9. ¿Qué beneficio tienen estas tapas?

Actividad 2

Read this advertisement that also appeared in *El Mundo,* a newspaper in San Juan, Puerto Rico.

Answer the following questions based on the advertisement.

1. ¿Es una estufa eléctrica o de (a) gas?
2. ¿Cuántas hornillas tiene?
3. ¿De qué es el horno?
4. ¿De qué es la parrilla?
5. ¿Para qué es la gaveta?

Actividad 3

Explain how to say the following in Spanish based on the two advertisements you just read.
1. a seven-piece set of copper pots with glass lids
2. a 30-inch electric stove
3. storage drawer
4. self-cleaning oven

Capítulo 17
El médico

Vocabulario

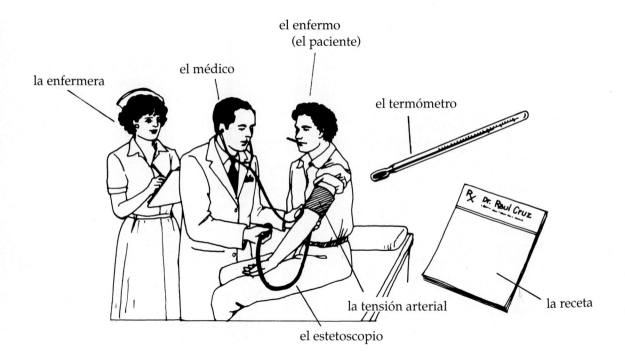

Read the following:

El hombre va para un examen físico.
El hace una cita con el médico.
El médico (doctor) le examina.
Le pone un termómetro en la boca para tomarle la temperatura.
El hombre sube la manga de la camisa.
El médico le toma la tensión (presión) arterial.
El doctor le ausculta con el estetoscopio.
El hombre tiene un poco de fiebre.
El doctor le receta una medicina.

Ejercicio 1 Answer the questions based on the preceding illustration.

1. ¿Con quién hace una cita el hombre?
2. ¿Para qué la hace?
3. ¿Quién le examina?
4. ¿Con qué le toma la temperatura?
5. ¿Qué sube el hombre?
6. ¿Por qué tiene que subirla?
7. ¿Qué le toma el médico?
8. ¿Para qué usa el médico el estetoscopio?
9. ¿Qué tiene el hombre?
10. ¿Qué le receta el doctor?

Ejercicio 2 You are in your doctor's office. She wants you to help with a young man who only speaks Spanish. The doctor wants you to tell him what she will do.

1. She is going to examine him.
2. First she will take his temperature with a thermometer.
3. He should roll up his sleeve.
4. She will take his blood pressure.
5. Then she will listen to his heart with the stethoscope.

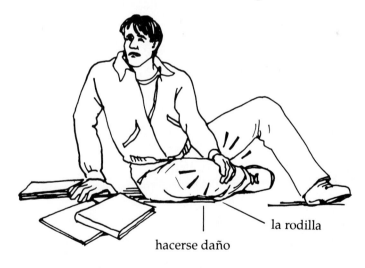

hacerse daño   la rodilla

Read the following:

Se le *torció* la rodilla.	*sprained*
Le *duele* mucho.	*hurts*
Se lastimó. Se hizo daño.	*He hurt himself.*

NOTE A list of the parts of the body appears on page 113.

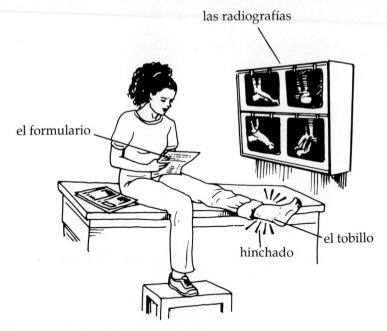

las radiografías

el formulario

hinchado

el tobillo

Ejercicio 3   Complete the following statements.

1. La muchacha se cayó y se _____.
2. Parece que se le torció el _____.
3. Se ve que se hizo daño porque el tobillo está _____.
4. Pobre chica, el tobillo le _____.
5. En el hospital le van a sacar unas _____.
6. Primero la muchacha tiene que llenar unos _____.

Comunicación

En la clínica

ENFERMERA	¿Cuándo y cómo se lastimó Ud.?
PACIENTE	Ocurrió ayer por la tarde. Estuvimos jugando al fútbol.
	El suelo estaba mojado, *me resbalé* y me caí. *I slipped*
ENFERMERA	¿Y se hizo daño?
PACIENTE	Parece que se me torció la rodilla. Me dolió bastante.
	Esta mañana, cuando me desperté, noté que estaba
	hinchada.
ENFERMERA	Y sigue doliéndole, ¿verdad?
PACIENTE	¡Como mil demonios!
ENFERMERA	Lo primero que haremos es sacarle unas radiografías.
	Pero antes, tiene Ud. que llenar unos formularios.

Ejercicio 4   Choose the correct answers based on the preceding conversation.

1. ¿Por qué fue a la clínica el muchacho?
   a. Porque se mojó.
   b. Porque jugó.
   c. Porque se lastimó.
2. ¿Qué hacía el chico cuando se hizo daño?
   a. Jugaba al fútbol.
   b. Visitaba la clínica.
   c. Se despertaba.
3. ¿Cuándo vio el muchacho que estaba hinchada la rodilla?
   a. Cuando fue a la clínica.
   b. Cuando empezó a jugar.
   c. Cuando se despertó.
4. ¿Qué tal la rodilla del chico ahora?
   a. No le duele nada.
   b. Le duele un poco.
   c. Le duele muchísimo.
5. ¿Qué tiene que hacer el muchacho ahora?
   a. Llenar unos papeles.
   b. Mirar unas radiografías.
   c. Hablar con el médico.

Ejercicio 5   You hurt your knee playing tennis on the pro tour in Buenos Aires. You are at the hospital and have to answer some questions. Do your best.

1. ¿Cuándo se hizo daño Ud.?
2. ¿Qué hacía Ud. cuando se hizo daño?
3. ¿Qué es lo que lastimó Ud.?
4. ¿Desde cuándo está hinchada la rodilla?
5. ¿Cómo se siente Ud. ahora?
6. ¿Cuándo tiene Ud. que jugar otra vez?

Vocabulario

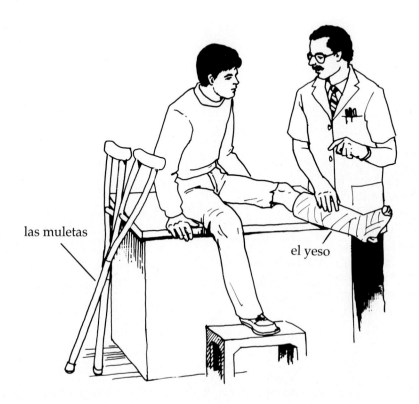

las muletas

el yeso

Read the following:

los huesos   las piezas duras que forman el esqueleto de los vertebrados
enyesar   ponerle un yeso a un brazo o a una pierna rota

Ejercicio 6   Match.

1. _____ los ligamentos
2. _____ la fractura
3. _____ los tendones
4. _____ el esqueleto
5. _____ el vendaje
6. _____ elástico
7. _____ el tratamiento
8. _____ el ortopedista

a. tendons
b. ligaments
c. fracture
d. elastic
e. skeleton
f. treatment
g. bandage
h. orthopedist

Comunicación

Con el ortopedista

ORTOPEDISTA   Menos mal que no tiene una fractura. No ha roto
                       ningún hueso. Pero sí se ha hecho daño a los
                       tendones y ligamentos.
PACIENTE   ¿Me va a enyesar la pierna?
ORTOPEDISTA   No. Sólo vamos a ponerle un vendaje elástico
                       a la rodilla.
PACIENTE   ¿Nada más? ¿Puedo andar y hacer mis cosas?
ORTOPEDISTA   Pues, no. Durante la próxima semana debe usar
                       unas muletas para andar. La recepcionista le dará
                       un par. Vuelva Ud. en ocho días.
PACIENTE   ¿Le pago a la recepcionista?
ORTOPEDISTA   Le pasaremos la cuenta al terminar el tratamiento.

Ejercicio 7   Complete the statements based on the preceding conversation.

1. El paciente no ha roto ningún _____.
2. Pero se les ha hecho daño a los _____ y _____.
3. El médico no le va a _____ la pierna.
4. Sólo va a ponerle a la rodilla un _____.
5. El paciente va a tener que andar con _____.
6. La _____ le va a dar las muletas.
7. El paciente tiene que volver en ocho _____.
8. La cuenta se paga cuando se termina el _____.

SITUACIONES

Actividad 1

You are a student in Spain and you will be spending an extended period of time there. You decide to go for a physical, or medical checkup. You have already had your exam and you thought it was thorough. Explain to a Spanish colleague all that the doctor did.

Actividad 2

You were in a bus accident in San Pedro Sula, Honduras. You twisted your knee and it is swollen. It hurts a lot. You think you should have it x-rayed. Call the local hospital. Tell the receptionist what happened and make an appointment.

Actividad 3

During a recent trip to Chile, you went hiking in the Andes. Unfortunately you fell, twisted your ankle, and sprained it. Since you did not break it, the doctor did not put it in a cast. He just bandaged it and you had to use crutches for a couple of days. In your own words, explain the whole episode to a Spanish friend.

HOJAS DE LA VIDA

Actividad 1

Read the following newspaper article.

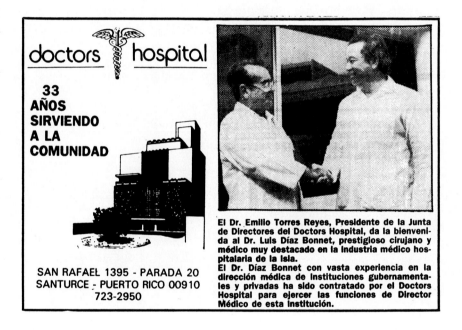

El Dr. Emilio Torres Reyes, Presidente de la Junta de Directores del Doctors Hospital, da la bienvenida al Dr. Luis Díaz Bonnet, prestigioso cirujano y médico muy destacado en la industria médico hospitalaria de la Isla.

El Dr. Díaz Bonnet con vasta experiencia en la dirección médica de instituciones gubernamentales y privadas ha sido contratado por el Doctors Hospital para ejercer las funciones de Director Médico de esta institución.

Complete the statements based on the preceding article.

1. El Doctors Hospital se estableció hace _____.
2. El Presidente de la Junta de Directores es el Dr. _____.
3. El Dr. Díaz Bonnet será _____.
4. El nuevo puesto del Dr. Díaz Bonnet será de _____.

Answer the questions based on the article you just read.

1. ¿Por qué da la bienvenida el Dr. Torres Reyes al Dr. Díaz Bonnet?
2. Describa la experiencia del Dr. Díaz Bonnet.
3. ¿Cuál es la mayor responsabilidad del Dr. Díaz Bonnet?

Parts of the Body (Las partes del cuerpo)

ankle   el tobillo
arm   el brazo
back   la espalda
bladder   la vejiga
body   el cuerpo
bone   el hueso
brain   el cerebro, el seso
breast   el pecho
cheek   la mejilla
chest   el pecho
chin   la barba, la barbilla
collarbone   la clavícula
ear   la oreja
elbow   el codo
eye   el ojo
eyebrow   la ceja
eyelash   la pestaña
eyelid   el párpado
face   la cara
finger   el dedo
foot   el pie
forehead   la frente
gallbladder   la vesícula
gum   la encía
hand   la mano
head   la cabeza
heart   el corazón
heel   el talón
hip   la cadera

jaw   la mandíbula
joint   la articulación
kidney   el riñón
knee   la rodilla
kneecap   la rodillera, la rótula
leg   la pierna
lip   el labio
liver   el hígado
lung   el pulmón
mouth   la boca
muscle   el músculo
nail   la uña
neck   el cuello
nerve   el nervio
nose   la nariz
rib   la costilla
shoulder   el hombro
skin   la piel
stomach   el estómago
temple   la sien
thigh   el muslo
throat   la garganta
thumb   el dedo pulgar
toe   el dedo del pie
tongue   la lengua
tonsils   las tonsilas, las agallas, las amígdalas
tooth   el diente
vein   la vena

Capítulo 18

La farmacia

Vocabulario

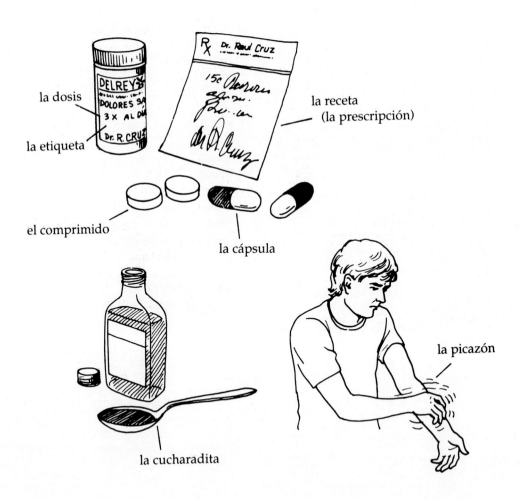

la dosis

la etiqueta

la receta
(la prescripción)

el comprimido

la cápsula

la picazón

la cucharadita

Read the following:

inaguantable   insoportable, terrible, muy fuerte
el jarabe   medicina en forma líquida
el (la) farmacéutico(-a)   la persona quien trabaja en la farmacia y quien prepara las
    recetas y despacha los medicamentos
potente   muy fuerte
hacer daño   doler, causar un mal efecto

la droga	**la codeína**	**el narcótico**
operar	**aliviar**	**el (la) drogadicto(-a)**
antibiótico	**la alergia**	**la penicilina**
analgésico		

Ejercicio 1   Complete the following statements.

1. Llevo la _____ a la farmacia para que me la prepare.
2. El dentista me _____ de la boca.
3. El dolor es terrible, es _____.
4. Por eso me dio la receta. Es para la _____, para aliviar el dolor.
5. La codeína es un _____.
6. Es una droga muy _____.
7. Viene en dos formas, en un jarabe o en _____.
8. La _____ es dos comprimidos cada cuatro horas.

Ejercicio 2   Complete the following paragraph.

Porque me duele la extracción, el dentista me recetó un _____. No tomo aspirina
porque me hace _____ al estómago. Para evitar una infección me recetó también un
_____. Pero tengo una _____ a la penicilina. Cuando la tomo me da una
_____. El me recetó otro antibiótico. Y como no me gustan los jarabes, me recetó unas
_____. Tomaré dos cápsulas en lugar de dos _____ de jarabe.

Ejercicio 3   Answer the following questions.

1. ¿Cuál es un narcótico?
2. ¿Quién puede preparar una receta?
3. ¿Quién escribe una prescripción?
4. ¿Cómo se llaman las personas que dependen de los narcóticos?

Comunicación

En la farmacia

CLIENTE   ¿Me puede preparar esta receta? Es una prescripción
             para aliviar el dolor.
FARMACEUTICA Es una droga muy potente. Es un narcótico.
             Contiene codeína.
CLIENTE   Acaban de operarme de la boca. Me quitaron unas
             muelas. El dolor es inaguantable.   *molars*
FARMACEUTICA ¿Prefiere Ud. los comprimidos o un jarabe?
CLIENTE   Los comprimidos. ¿Cuál es la dosis y cuándo los
             debo tomar?
FARMACEUTICA Está aquí en la etiqueta. Dos comprimidos cada
             seis horas después de comer. No los tome con el
             estómago vacío. Y esta receta no se puede repetir
             porque contiene un narcótico.
CLIENTE   Entiendo. No quiero volverme drogadicto.

Ejercicio 4   Answer the questions based on the preceding conversation.

1. ¿Qué lleva el cliente a la farmacia?
2. ¿Quién le dio la receta?
3. ¿Por qué le dio la receta?
4. ¿Qué le hizo el dentista?
5. ¿En qué forma tomará la medicina?

Ejercicio 5   Complete the statements based on the preceding conversation.

1. Al cliente le operaron de la _____.
2. El siente un dolor _____.
3. La receta contiene _____.
4. La codeína es muy _____.
5. Porque es un narcótico, no se puede repetir la _____.
6. El cliente debe tomar dos _____ cada seis horas.
7. La dosis y las horas están en la _____.

Ejercicio 6   Answer the following question in Spanish.

La farmacéutica parece preocupada con la receta. ¿Por qué?

SITUACIONES

Actividad 1

You are in a pharmacy in Colón, Panamá. You have a rash **(erupción).**
  1. Tell the pharmacist what you have.
  2. Tell him you would like something to stop the itch.
  3. He asks you if you are allergic to any medicines. Tell him you cannot take penicillin.
  4. You think an unguent or salve **(ungüento)** might help. Tell him.

Actividad 2

You are in a lot of pain after visiting the dentist in Colombia. The dentist did not give you a prescription. You want an analgesic, a strong one. You prefer one without a narcotic. Talk to the pharmacist.

HOJAS DE LA VIDA

Actividad 1

Look at the following medicine label.

Answer the questions based on the information on the label.

  1. Is it a tablet or a liquid medicine?
  2. What is the medicine prescribed for?
  3. Does it contain a narcotic? If so, what is it?
  4. What ingredient is the major component of the medicine?

Actividad 2

Read the following list that appeared in a newspaper in Madrid.

FARMACIAS

Farmacias en servicio de urgencia día y noche, ininterrumpidamente.

Tetuán-Fuencarral-Peña Grande y barrio del Pilar: Bravo Murillo, 306 (Tetuán) / Valdevarnes, 23 (urbanización Saconia).

Universidad-Moncloa: Meléndez Valdés, 63.

Chamberí: Miguel Ángel, 20.

Centro-Latina: Plaza de España, 12 (entre Ferraz y Bailén) / Cava Baja, 7.

Carabanchel-Extremadura: Tucán, 7 (próximo a *metro* Vista Alegre) / Fuente del Tiro, 3 (parque de Europa) / Ocaña, 93 (entrada por Camarena, 201).

Arganzuela-Villaverde: Villabona, s/n (mercado de Orcasitas) / Jaime el Conquistador, 38 / Sacecorvo, s/n (cruce de Villaverde).

Chamartín-Hortaleza-Canillas: Colombia, 24 / Calle del Avia, 1 y 3 (esquina a Doctor Arce, 32).

Ventas-San Blas-Canillejas: San Emilio, 50 (entrada por Ricardo Ortiz, 43) / Conjunto Residencial Barajas (Bareco, calle de Corbeta, 8) / Lenceros, 15 (Gran San Blas) / Hermanos García Noblejas, 41.

Answer the questions based on the list you just read.

1. ¿Qué son los establecimientos que aparecen en la lista?
2. ¿A qué hora cierran hoy?
3. ¿Cuál de las farmacias es conveniente para los estudiantes?
4. ¿Cuál queda cerca de una entrada al metro?
5. ¿Qué son los nombres en letra negra?

Figure it out, or guess!

1. How does the list indicate "no number"?
2. Why do some say **entrada por...**?
3. What does the opening line after **Farmacias** mean?

Capítulo 19

El recreo cultural

Vocabulario

El cine

la película

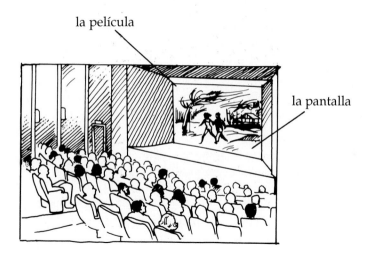

la pantalla

Los tipos de películas

una película de *dibujos animados*   *cartoons*
una película policíaca
una película de amores
una película de ciencia-ficción
una película musical
una película folklórica
una película documental (de corto metraje)
una película del «far west»
una película pornográfica
una película horrífica
una película cómica

Read the following:

El estreno es la primera vez que se da una película u obra de teatro. En una sesión de cine es normal proyectar en la pantalla unos anuncios comerciales y un noticiario antes de la película. Los cines importantes, o de estreno, tienen sesiones **numeradas.** En los cines de barrio las sesiones son **contínuas.**

Ejercicio 1   Say the following in Spanish.

1. a horror movie
2. a cartoon
3. a western
4. a detective movie
5. a science fiction film
6. a comedy

Ejercicio 2   Answer the following questions.

1. ¿Qué clase de películas prefieres?
2. En el cine adonde tú vas, ¿ponen un noticiario primero?
3. ¿Es buena idea proyectar anuncios comerciales en el cine?
4. ¿Conoces alguna película documental famosa? ¿Cuál es?
5. ¿Cómo se llama la última película que viste? ¿Qué clase de película era?
6. En el cine adonde tú vas, ¿son contínuas o numeradas las sesiones?

Ejercicio 3   Classify the following.

¿Qué tipo de película será?

1. 2001 Una Odisea por el Espacio
2. La Loca Academia de Policía
3. El Monstruo de la Laguna
4. Jim Bowie en el Alamo
5. Me Quiere mi Novia

El teatro

el escenario

el alumbrado

el vestuario
(los trajes)

el decorado

el elenco (los actores,
las actrices)

el público (los espectadores)

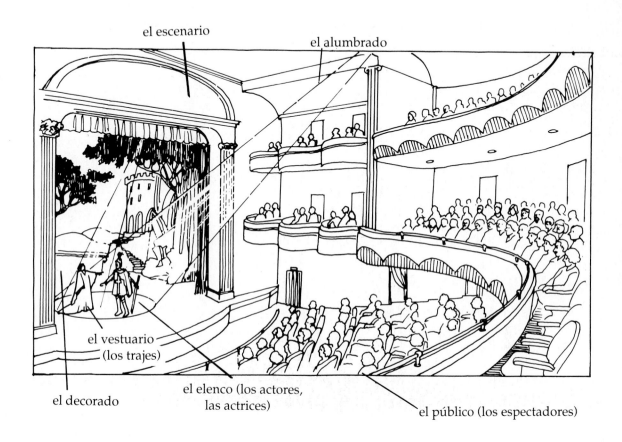

Los tipos de espectáculos

una comedia
un drama
una tragedia
una ópera
una zarzuela
una revista musical (unas variedades)
un melodrama
un monólogo

Read the following:

El público aclama la obra.
Es un drama en tres actos.
Hay dos escenas en cada acto.
Después de cada acto hay un *descanso*.   *intermission*
Se levanta el *telón*.   *curtain*
Los espectadores aplauden.
Los actores entran en escena.
Cae el telón.

Ejercicio 4   Identify the genre.

1. El tenor y la soprano son excelentes. La obra es clásica.
2. La música era alegre y los bailes preciosos.
3. Desde que se levantó el telón no paramos de reírnos.
4. Es un tipo de opereta popular español.
5. La actriz es fenomenal. Fíjate que ella es la única persona en la obra.

Ejercicio 5   Complete the following statements.

1. El público espera. Por fin se _____ el telón.
2. Los actores entran en _____.
3. El público _____.
4. El _____ del elenco es precioso, los trajes y los vestidos de la época.
5. También el _____ es fabuloso, parece que realmente estamos en otra ciudad en otros tiempos.
6. Se da el efecto de noche y día, de la luna y de tormentas, con el uso muy efectivo del _____.
7. Esta obra se divide en tres _____ con dos _____ cada uno.
8. Durante los _____ el público puede levantarse e ir a tomar un refresco.
9. Al terminar la función, _____ el telón.
10. Otra vez el público _____.

Ejercicio 6   Answer personally.

1. ¿Qué tipo de espectáculo prefieres?
2. ¿Vas al teatro con frecuencia?
3. ¿Quién es tu actor favorito?
4. ¿Quién es tu actriz favorita?
5. ¿Cómo se llama la última obra que viste?
6. ¿Te interesa el mundo de los espectáculos?

Comunicación

Al teatro

DAVID   ¿Fuiste al teatro anoche?

ROBERTA   Pues, sí. Vi un drama de García Lorca.

DAVID   ¿Un estreno?

ROBERTA   No, hombre. La obra tiene más de 50 años. «La casa de Bernarda Alba.»

DAVID   ¿Te gustó?

ROBERTA   Mucho. Las actrices fueron estupendas.

DAVID   ¿Y el decorado?

ROBERTA   Excelente. Una casa andaluza, con todo detalle.

DAVID   ¿Qué tal el vestuario?

ROBERTA   Poca cosa. Todas las mujeres vestidas de negro. ¿Cómo es posible que tú no conozcas esta obra?

Ejercicio 7   Answer the questions based on the preceding conversation.

1. ¿Dónde estuvo la joven anoche?
2. ¿Cómo se llama la obra que vio?
3. ¿Quién es el autor de la obra?
4. ¿Fue el estreno de la obra?
5. ¿Es nueva la obra?
6. ¿A la joven le gustó la obra?
7. Describa el decorado.
8. Describa el vestuario.
9. ¿Qué no puede creer la joven?

SITUACIONES

Actividad 1

You and a Spanish friend are at a café on the Gran Vía in Madrid and you are discussing films and theater.

1. Your friend asks you if you prefer the theater or the movies. Respond.
2. Your friend asks you who your favorite actor and actress are. Tell her.
3. She asks you whether theater or movie tickets are expensive in the United States. Tell her what they cost.
4. Your friend wants to know if the movies in the United States are continous showings or only at scheduled times. Respond.
5. Your friend asks you what the usual show times for the theater are. Respond.
6. Your friend asks you if you have ever seen a Spanish play or, if not, if you would like to see one. Respond.

HOJAS DE LA VIDA

Actividad 1

Read the following movie listings that appeared in a Madrid newspaper.

Cines

sesión numerada

ALCALA PALACE (Alcalá, 90. ☎ 4354608).
– **Erase una vez en América** (I y II parte). Ahora en un solo programa. Robert de Niro en el gran filme de Sergio Leone. Decimocuarta semana. Hoy, miércoles, butaca 150 pesetas.
AMAYA (General Martínez Campos, 9. ☎ 4484169).
– **La mujer de rojo.** 4,45, 7,15, 10,15. Ultimos días. No recomendada para menores trece años.
ARLEQUIN (San Bernardo, 5, semiesquina a Gran Vía. ☎ 2473173. Metro Santo Domingo).

sesión continua

ALEXANDRA (San Bernardo, 29. ☎ 2422912. Metro Noviciado. Parking a 50 metros).
– **Lady Halcón.** Continua 5. Apta.
ALCALA PALACE (Alcalá, 90. ☎ 4354608).
– **Erase una vez en América.** Parte primera y parte segunda. Continua 5. Ahora en un solo programa, Robert de Niro en el gran filme de Sergio Leone. Catorce semanas. Hoy miércoles, butaca 150 pesetas.
ALUCHE (Maqueda, 30. ☎ 2185628. Metro Campamento).
– **Cotton club.** Continua 5. No recomendada menores trece años. Hoy, precios reducidos.
AZUL (Gran Vía, 76. ☎ 2479949. Metro Plaza de España).
– **Ella, escalofriante realidad.** Continua 11. Mayores trece años.
CANCILLER (Alcalde López Casero, 15. ☎ 4043471. Metro Carmen).
– **Los clandestinos de Asís. La mujer del teniente francés.** 5. Gran programa doble.
CANDILEJAS (Plaza Luca de Tena, 7. ☎ 2287492. Metro Palos de Moguer).
– **La dominación. Ella, escalofriante realidad.** Continua 5.
CARLTON (Ayala, 95. ☎ 4014127. Metro Manuel Becerra).
– **Ella, escalofriante realidad.** Continua 5. Mayores trece años. Hoy, precios reducidos.
CARTAGO (Bravo Murillo, 28. Metro Quevedo. ☎ 4473930).
– **Cotton club.** Continua 5. No recomendada menores trece años. Hoy, precios reducidos.

versión original

BELLAS ARTES (Marqués de Casa Riera, 2. ☎ 2225092. Metro Banco).
– **El inocente,** de Luchino Visconti. Con Giancarlo Giannini y Laura Antonelli. Continua 5. Pases película: 5,15, 7,45, 10,30. No recomendada menores trece años. Hoy, miércoles, día del espectador, 200 pesetas. Quinta semana.
INFANTAS (☎ 2225678).
– **Atención a esa prostituta tan querida** de R. W. Fassbinder. Un filme escandaloso no autorizado en su momento 18 años. Continua 5. Pases película: 5, 6,49, 8,38, 10,27.
ROSALES (Quintana, 22. Metro Argüelles. ☎ 2415800).
– **Galileo,** de Liliana Cavani (V. O. subtitulada). Una de las mayores polémicas de la historia. Pases película: 5,10, 6,55, 8,40, 10,30.

Answer the following questions based on the movie listings you just read.

1. The theaters are listed under what three categories?
2. Under what heading are listed films not dubbed into Spanish?
3. What are two American films that appear on the list?

Figure it out, or guess!

1. What does the statement **No recomendada para menores trece años** mean in this context?
2. What is the difference between **sesión numerada** and **sesión continua?**
3. What kind of film would be **Autorizada para todos los públicos?**

Capítulo 20

Los deportes

Vocabulario

En el mar

la natación (nadar)

el «surf»

la plancha de vela

el buceo

el esquí acuático

Ejercicio 1   Give the Spanish equivalent for the following.

1. wind surfing
2. surfboarding
3. water skiing
4. swimming
5. diving (scuba)

Ejercicio 2   Answer personally.

1. ¿Te gusta nadar?
2. ¿Prefieres nadar en el mar o en una piscina?
3. ¿Buceas? ¿Dónde?
4. ¿Sabes hacer «surf»?
5. ¿Te gusta la plancha de vela?
6. ¿Dónde hacen «surf» en los EE.UU.?
7. ¿Cuál es un buen lugar para bucear?

El esquí

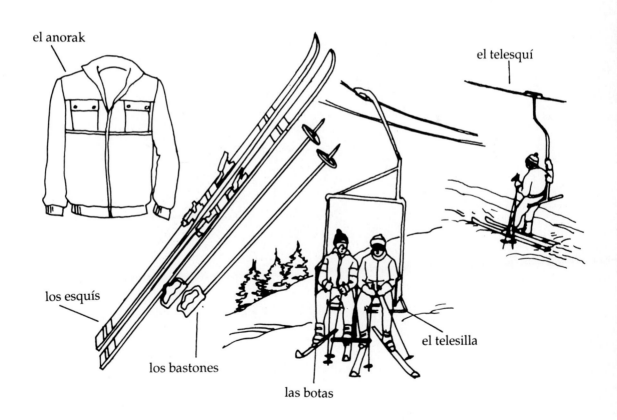

el anorak

el telesquí

los esquís

los bastones

las botas

el telesilla

el esquí alpino

el esquí nórdico

Ejercicio 3   Answer the following questions.

1. ¿Te gusta esquiar?
2. ¿Qué tipo de esquí prefieres, alpino o nórdico?
3. ¿Qué equipo necesitas para esquiar?
4. ¿Qué prefieres usar para subir la montaña para esquiar?
5. ¿Adónde vas para esquiar?

El hipismo

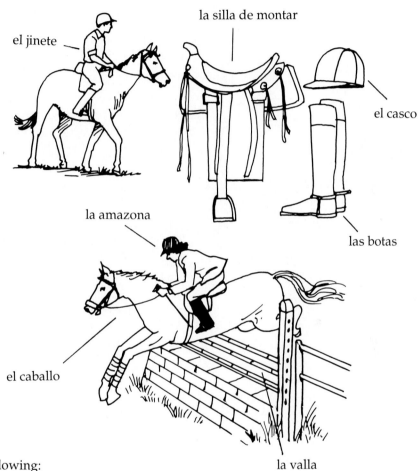

la silla de montar

el jinete

el casco

la amazona

las botas

el caballo

la valla

Read the following:

El jinete o la amazona monta a caballo.
Se sienta en una silla de montar.
Lleva botas en los pies y un casco en la cabeza.
El caballo tiene que *saltar* sobre las vallas.   *jump*

Ejercicio 4   Answer the following questions.

1. ¿Montas a caballo?
2. ¿Prefieres la silla de montar inglesa o «western»?
3. ¿Llevas un casco cuando montas a caballo?
4. ¿Te gusta saltar las vallas con el caballo?
5. ¿Eres jinete o amazona?

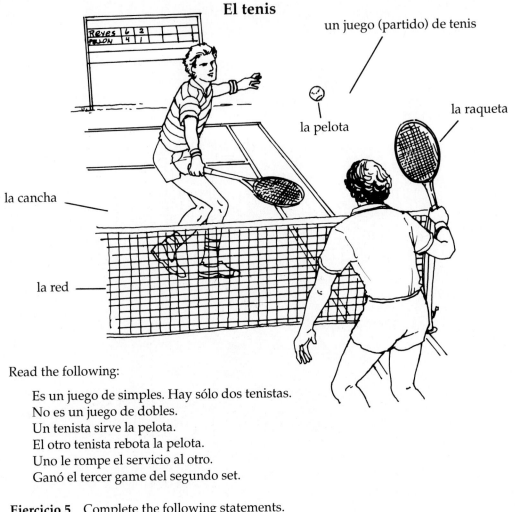

El tenis

un juego (partido) de tenis

la pelota

la raqueta

la cancha

la red

Read the following:

Es un juego de simples. Hay sólo dos tenistas.
No es un juego de dobles.
Un tenista sirve la pelota.
El otro tenista rebota la pelota.
Uno le rompe el servicio al otro.
Ganó el tercer game del segundo set.

Ejercicio 5   Complete the following statements.

1. Para jugar al tenis, cada jugador necesita una _____.
2. Para comenzar, un jugador _____ la pelota al otro jugador.
3. La pelota tiene que pasar por encima de la _____.
4. En un juego de _____, un jugador juega contra otro.
5. En un juego de _____, dos jugadores juegan contra otros dos.

Ejercicio 6   Answer personally.

1. ¿Tú juegas al tenis?
2. ¿Prefieres juegos simples o dobles?
3. ¿Con quién juegas?
4. ¿Qué marca de raqueta tienes?

El baloncesto

el balón

el aro

el cesto (el canasto)

el tiro

la pista

Read the following:

El partido es entre Ponce y Mayagüez.
Romero tira pero el balón da con el aro y no entra.
Millán gana el *rebote*.   *rebound*
El pasa el balón a Franco.
Franco tira y entra en el cesto. ¡Canasto! ¡Dos puntos!

Ejercicio 7   Answer the following questions.

1. ¿Cuáles son los dos equipos?
2. ¿Romero tiene un canasto?
3. ¿Contra qué da el balón?
4. ¿Qué hace Millán?
5. ¿A quién pasa el balón?
6. ¿Quién tira y encesta el balón?

Ejercicio 8   Complete the following statements.

1. Algunos _____ son de una mano y otros de dos manos.
2. Lo importante es que entre en el _____.
3. Cada _____ vale dos puntos.
4. Si el balón no entra, hay que ganar el _____.
5. Y si no tienes un tiro, debes _____ el balón a otro jugador.

Ejercicio 9   Answer personally.

1. ¿Juegas al baloncesto?
2. ¿Tu universidad tiene un buen equipo de baloncesto?
3. ¿Dónde juega el equipo?
4. ¿Quién tiene el mayor número de puntos?
5. ¿Quién es el mejor en rebotes?
6. ¿Quiénes son los mejores jugadores en la ofensiva?
7. ¿Y quiénes en defensa?

El béisbol

el receptor

el bate

la pelota

la base

el bateador

el platillo

el guante

el lanzador
(el pícher)

NOTE   Many baseball terms in Spanish are actually English words, such as **hit** and **out**.

Read the following:

El equipo con más *carreras* gana el partido.   *runs*
El jugador corre de una base a otra.
El lanzador tira la pelota.
Otro jugador *atrapa* la pelota con el guante.   *catches*
Un equipo *derrota* al otro equipo por 6 carreras a 1.   *defeats*
Hay nueve jugadores en un equipo de béisbol.
Hay nueve *entradas* en un juego de béisbol.   *innings*

Ejercicio 10   Match the following.

1. ____ robarse   a. to connect
2. ____ batear   b. to steal, to rob
3. ____ el jonrón   c. complicated
4. ____ la victoria   d. to bat
5. ____ conectar   e. stadium
6. ____ complicado   f. homerun
7. ____ el estadio   g. victory
8. ____ el béisbol   h. baseball

Ejercicio 11   Complete the following statements.

1. El juego no es simple, es _____.
2. Un equipo quiere _____ al otro equipo.
3. Nuestro equipo ganó todos los _____.
4. Tenemos 15 _____ y ni una sola derrota.
5. Méndez tiene 20 jonrones, es excelente _____.
6. Y Colón tira la pelota con tremenda velocidad, es nuestro mejor _____.

Comunicación

El partido de béisbol

LA DOMINICANA   Voy a un partido de béisbol hoy. ¿Quieres ir?
EL ESPAÑOL   ¿Quiénes juegan?
LA DOMINICANA   Los Tiburones contra Los Grises.
EL ESPAÑOL   Los Grises siempre ganan.
LA DOMINICANA   Hoy no. Hoy Los Tiburones van a derrotar a
Los Grises.

Ejercicio 12 Answer with one or two words based on the preceding conversation.

1. ¿Quién le invita a quién a ver el partido?
2. ¿De dónde es el muchacho?
3. ¿Qué son Los Tiburones y Los Grises?
4. ¿Cuál de los dos tiene más victorias?
5. Según la chica, ¿quién va a ganar hoy?

En el estadio

LA DOMINICANA	Hay nueve jugadores. El lanzador tira la pelota.
EL ESPAÑOL	Y el bateador tiene que dar a la pelota con el bate.
LA DOMINICANA	¡Exactamente! Si conecta, y nadie atrapa la pelota con el guante, es un hit.
EL ESPAÑOL	Y el bateador tiene que correr de una base a otra.
LA DOMINICANA	Para *anotar* una carrera, tiene que correr a la primera, la segunda y a la tercera base y después al platillo.
EL ESPAÑOL	¿Cuántas entradas hay en un juego?
LA DOMINICANA	Nueve. ¡Mira, batea Rodríguez! ¡Conectó! ¡Un jonrón! ¡Ganamos! ¡Otra victoria!

score

Ejercicio 13 Complete the statements based on the preceding conversation.

1. En un equipo de béisbol hay _____ jugadores.
2. El que tira la pelota es el _____.
3. El bateador lleva un _____ en las manos.
4. El trata de conectar con la _____.
5. Los otros jugadores tratan de _____ la pelota.
6. Ellos llevan un _____ en una mano.
7. Hay que llegar al platillo para anotar una _____.
8. En un juego de béisbol hay nueve _____.
9. Rodríguez bateó un _____.
10. Los Tiburones _____ el partido.

Después del partido

LA DOMINICANA	¿Te gustó el partido? ¿Entiendes cómo se juega?
EL ESPAÑOL	Sí. Pero es un poco complicado. Hay muchas reglas. Por ejemplo, un jugador corrió de la primera base a la segunda base sin un hit. ¿Eso se permite?
LA DOMINICANA	Sí. El se robó la base. El receptor tiró a segunda base pero la pelota llegó tarde. Si no, es un out.
EL ESPAÑOL	Creo que entiendo. Pero el fútbol nuestro es más fácil de comprender. Me gusta más.

Ejercicio 14 Answer with one or two words based on the preceding conversation.

1. ¿Qué cree el muchacho que es complicado?
2. ¿Por qué cree que es complicado?
3. ¿Qué hizo el jugador que corrió a segunda base?
4. ¿Qué hizo el receptor?
5. El jugador que se robó la base, ¿estuvo out?
6. ¿Por qué o por qué no?
7. ¿Qué deporte prefiere el español?
8. ¿Por qué?

Vocabulario

El fútbol

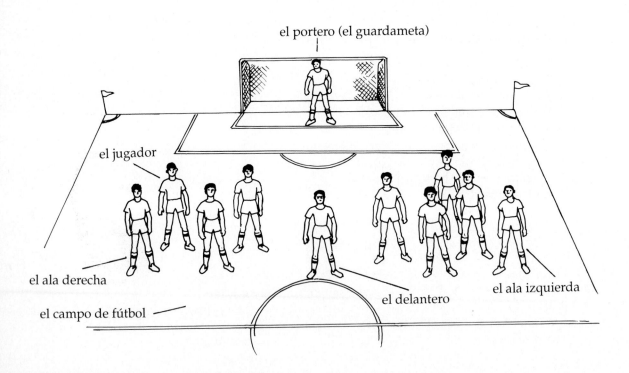

el portero (el guardameta)

el jugador

el ala derecha

el campo de fútbol

el delantero

el ala izquierda

el estadio

el cuadro indicador

los espectadores

las tribunas

el árbitro

Read the following:

Es el *equipo* de Salamanca contra Madrid.	team
Un jugador lanza el balón.	
Lo lanza con el pie.	
Le da una *patada*.	kick
Pérez toma (recibe) el balón.	
El lo pasa a Martínez.	
El adversario lo intercepta.	
El portero le *devuelve* el balón a Martínez.	returns
El árbitro silba.	
Declara un penalty (foul).	
El guardameta para (bloquea) el balón.	
El guardameta no para el balón.	
El balón entra en la portería.	
Madrid mete un gol.	
Madrid *marca un tanto*.	scores
El tanto estaba empatado en cero.	
Ahora el tanto está a uno a cero a favor de Madrid.	
Es el final del primer *tiempo*.	period

Ejercicio 15   Identify the position.

1. el jugador que se coloca a los extremos de la línea de ataque
2. el que guarda la portería
3. el jugador que se coloca cerca de la portería y que ayuda en su defensa

Ejercicio 16   Answer the following questions.

1. ¿Salamanca juega contra Madrid?
2. ¿Martín lanza el balón?
3. ¿Le da una patada o lo lanza con la cabeza?
4. ¿Flores recibe el balón?
5. ¿Se lo devuelve a Martín?
6. ¿El equipo adversario lo intercepta o no?
7. ¿Flores mete (hace) un gol?
8. ¿Marca un tanto?
9. ¿El tanto está empatado?
10. ¿Quién silba?
11. ¿Qué declara él?
12. ¿Qué tiempo es?
13. ¿Hay muchos espectadores en el estadio?
14. ¿Están llenas las tribunas?

SITUACIONES

Actividad 1

You are on vacation in the Dominican Republic and have just finished scuba diving. As you are relaxing on the beach, the person next to you begins to chat.

1. She asks you where you go diving in the United States. Tell her.
2. She wants to know if you enjoy any other water sports. Tell her.
3. You want to know if she enjoys any of these same sports. Ask her.
4. She mentions that she loves to water ski. Ask her where there is a good place to do that.
5. Suggest to her that perhaps that would be a fun thing to do tomorrow. Invite her to go.

Actividad 2

You are on a ranch in Venezuela. You are speaking with your hosts.

1. They want to know if you like horseback riding. Tell them.
2. They ask you if you prefer to ride English or Western.
3. They ask you if you would like to ride now. Tell them.
4. They pick out a horse for you. You also need a riding hat (helmet), since you always ride with one. Explain this to them.

Actividad 3

You and a friend arrive late to a baseball game in Puerto Rico.
1. You want to know the names of the teams that are playing. Ask someone.
2. You want to know what inning it is. Ask someone.
3. You cannot tell who is pitching. Ask someone.
4. You want to know who is winning. Ask someone what the score is.

Actividad 4

An exchange student from Chile is watching a baseball game with you. He does not understand how the game is played. Explain it to him. Be sure to tell him how many players there are on each side, the roles of the pitcher and batter, and what the other players do.

HOJAS DE LA VIDA

Actividad 1

Read the following hotel notice.

> La piscina y las canchas de tenis están a la disposición de los huéspedes del hotel sin costo adicional. Las horas de operación son de las 7:00 hasta las 19:00. Si los Sres. Huéspedes desean invitar a personas que no residen en el hotel a usar la piscina o las canchas de tenis, se les cobrará 80 pesos por persona.
>
> Atentamente,
> La dirección

Answer the questions based on the preceding hotel notice.

1. ¿Para quiénes son la piscina y las canchas de tenis?
2. ¿A qué hora cierran la piscina?
3. ¿A qué hora se puede comenzar a jugar al tenis?
4. ¿Se permite invitar a personas no residentes del hotel a la piscina?
5. ¿Bajo qué condiciones?

Capítulo 21

La familia

Vocabulario

Los parientes

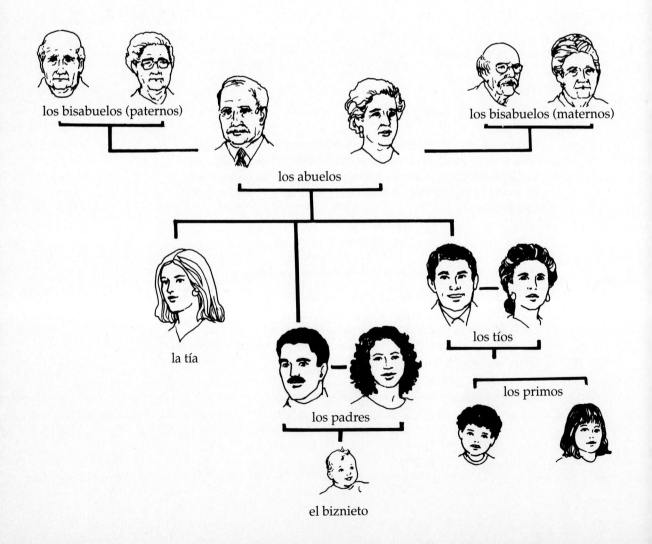

los bisabuelos (paternos)

los bisabuelos (maternos)

los abuelos

la tía

los tíos

los primos

los padres

el biznieto

Read the following:

> Los hijos de sus hijos son sus **nietos.**
> Los hijos de sus tíos son sus **primos.**
> Los hijos de sus hermanos son sus **sobrinos.**
> Los padres de su mujer o marido son sus **suegros (padres políticos).**
> El marido de su hija es su **yerno.**
> La mujer de su hijo es su **nuera.**
> Los hermanos de su mujer o marido son sus **cuñados (hermanos políticos).**

Ejercicio 1   Answer the following questions.

1. ¿Cuántos primos tiene la joven?
2. ¿Quiénes son mayores, los tíos o los abuelos?
3. ¿Los abuelos paternos son los padres de quién?
4. Si tu hermano tiene hijos, ¿son tus sobrinos o tus tíos?
5. ¿Qué son los hermanos de tus padres?
6. ¿Qué son los hijos de tus tíos?
7. ¿Quién es la hija de los abuelos maternos?
8. ¿Qué son los padres de tus sobrinos?

Ejercicio 2   Answer personally.

1. ¿Cómo se llama tu abuelo paterno?
2. De toda tu familia, ¿quién es la persona mayor?
3. ¿Cuántos años tiene esa persona?
4. ¿Tienes sobrinos? ¿Cuántos? ¿Cómo se llaman?
5. ¿Cuál es tu tía o tío favorito?
6. ¿Es un tío materno o paterno? ¿Es mayor o menor que tu padre?
7. De toda tu familia, ¿cuál es la persona menor?
8. ¿Cuál es tu prima o primo favorito? ¿Cómo se llama? ¿Cuántos años tiene?
   ¿Quiénes son sus padres?

Ejercicio 3   Choose the correct completions.

1. Los padres de mi esposo—mis padres (paternos/políticos)—son muy simpáticos.
2. También son muy amables mis hermanos políticos—mis dos (suegros/cuñados).
3. Espero que mis suegros me consideren una (nuera/bisabuela) buena.
4. Porque mis padres adoran a mi esposo, dicen que es un (nieto/yerno) perfecto.

Comunicación

En el consulado

LA AGENTE	¿Qué tipo de visado quiere Ud.?
EL JOVEN	De estudiante, por favor.
LA AGENTE	¿Tiene Ud. familia en el país?
EL JOVEN	Pues, sí. Mis abuelos paternos y varios tíos.
LA AGENTE	Bien. ¿Viaja Ud. con algún pariente?
EL JOVEN	Sí, con un primo mayor. Es estudiante de medicina.
LA AGENTE	Todo está en orden. Aquí tiene su pasaporte con un visado de estudiante.

Ejercicio 4   Choose the correct completions based on the preceding conversation.

1. El joven visita _____.
   a. a sus padres   b. al médico   c. el consulado
2. El joven necesita _____.
   a. un visado   b. un pasaporte   c. una orden
3. En el país viven sus _____.
   a. padres   b. primos   c. abuelos
4. El joven va a viajar con su _____.
   a. tío   b. hermano   c. primo
5. Los dos jóvenes que viajan son _____.
   a. diplomáticos   b. médicos   c. parientes
6. Ellos hacen el viaje para _____.
   a. estudiar   b. visitar a sus padres   c. ir al hospital

SITUACIONES

Actividad 1

You are at the airport. There is a lost child who speaks only Spanish. You are asked to help.
1. Find out his name.
2. Ask him if he is with his parents or any other relatives.

Actividad 2

A visiting sociologist from Guatemala is interviewing you about family life in the United States. She wants to know your opinions about typical families.
1. She wants to know how many family members usually live in one household. Give her your opinion.
2. She asks you who those family members are. Tell her.
3. She asks you if most grandparents live with their children and grandchildren. If not, she wants to know where they live. Tell her what you think. You may want to use the word for nursing home **(el asilo [el hogar] de ancianos).**
4. She wants to know how often most Americans visit uncles, aunts, and cousins. Tell her.
5. She asks you if grandparents usually live close by. Tell her.
6. She asks you where your grandparents live. Tell her.

HOJAS DE LA VIDA

Actividad 1

Read the following death notice **(esquela)** from a Spanish language newspaper.

JOSEFINA GRAU VDA. DE CORREA
(PEPITA)
Falleció el 18 de octubre
Después de recibir los Santos Sacramentos

Sus hijos Frank, Pedro, Raúl y Rubén; su hija Iris; su hermano Emilio; hijos políticos Erasmo, Mariam, Carmencita, Claudette y Fe; sus hijas de crianza Margarita y Rosario, nietos, biznietos, sobrinos y demás familiares notifican el fallecimiento e invitan al acto del sepelio que se verificará hoy 19 de octubre a las 4:00 de la tarde, partiendo la comitiva fúnebre desde la Capilla Rosada de la Funeraria J. Pérez Rovira, de Caguas, hasta el Cementerio Monte Calvario de dicha ciudad.

Familias: Tañón-Correa, Correa-Amill, Rodríguez-Rodríguez, Correa de Mauret, Correa-Sotomayor, Correa-Sánchez, Correa-López

Answer the questions based on the preceding death notice.

1. What are the names of the deceased person's daughter, sons, sons-in-law, and daughters-in-law?
2. What other relatives are mentioned?
3. How many families are involved?
4. When did the woman die?
5. When was she buried?
6. Where was she buried?

Figure it out, or guess!

1. How much time elapsed between the woman's death and her funeral?
2. Two of the woman's daughters were not her natural children. However, she did raise them. How are these children referred to?
3. If **nietos** are grandchildren, what are "great-grandchildren"?

Capítulo 22

La vivienda

Vocabulario

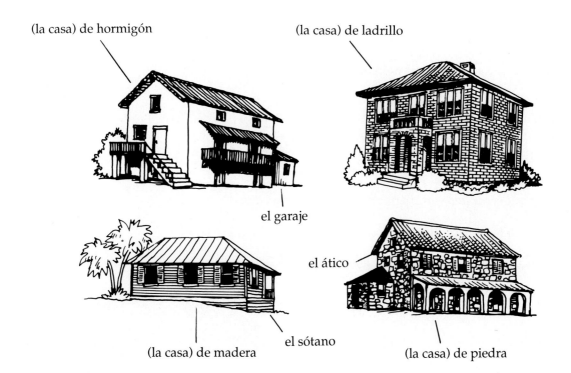

(la casa) de hormigón

(la casa) de ladrillo

el garaje

el ático

(la casa) de madera

el sótano

(la casa) de piedra

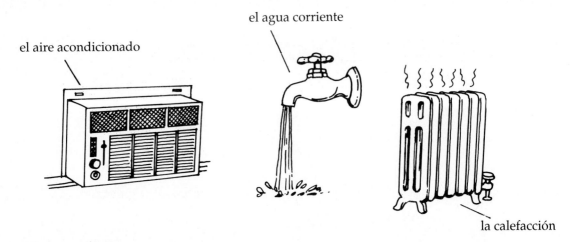

el agua corriente

el aire acondicionado

la calefacción

Read the following:

> Un apartamento o piso con toda comodidad tiene agua corriente,
> calefacción central y aire acondicionado.

Ejercicio 1   Answer the following questions.

1. En los EE.UU., ¿hay muchas casas de madera?
2. ¿La mayoría de las casas en los EE.UU. tienen agua corriente?
3. ¿La mayoría de las casas tienen aire acondicionado?
4. ¿La mayoría de las casas tienen calefacción central?
5. ¿Qué cosas tiene un apartamento con toda comodidad?

Ejercicio 2   Answer the questions based on the illustration.

1. ¿Es una casa de madera o de piedra?
2. ¿Tiene sótano la casa?
3. ¿Tiene ático?
4. ¿Hay un garaje para el coche?

Ejercicio 3   Complete the following statements.

1. Se puede guardar el carro en el _____.
2. Se puede guardar las cosas que no se necesitan en el _____ o en el _____.
3. En los países tropicales las casas no tienen _____porque siempre hace calor.
4. En algunos países no hay mucha madera ni piedra, por eso usan _____ en la construcción de casas.
5. Los apartamentos caros siempre tienen _____ en el invierno y _____ en el verano.

Read the following:

> **el (la) propietario(-a)** el (la) dueño(-a) de una casa o un apartamento
> **la hipoteca** el préstamo que da el banco para comprar una casa; las mensualidades que se pagan durante un período de 10 a 20 años
> **el (la) inquilino(-a), el (la) arrendatario(-a)** una persona que no es dueño de la casa o apartamento sino que alquila la vivienda y paga el alquiler mensualmente o trimestralmente (cada tres meses)
> **los suburbios** los pueblos en los alrededores (las cercanías) de una ciudad

Ejercicio 4 Answer the following questions.

1. ¿Quién es el propietario de su apartamento, el dueño o el inquilino?
2. ¿Quién paga la hipoteca, el dueño o el inquilino?
3. ¿Quién paga mensualidades al banco durante quince años, el dueño o el inquilino?
4. ¿Quién paga el alquiler cada trimestre, el dueño o el inquilino?

Read the following:

La vivienda en los países hispanos

Igual que en los EE.UU., hay varios tipos de vivienda en los países hispanos. Hay casas particulares (privadas) grandes y pequeñas. Hay grandes palacios o casas solariegas y pequeños chalés, normalmente en las afueras de las ciudades. En las ciudades hay pocas casas particulares. En las ciudades la gente vive en pisos o apartamentos en edificios de varios pisos. También en las ciudades hay casas de vecindad donde vive la gente pobre en pequeños apartamentos o caseríos. Los apartamentos grandes se llaman «pisos». Hoy día son más comunes los apartamentos pequeños. Los apartamentos también se llaman «departamentos» o «apartamientos».

Ejercicio 5 Describe each of the following in your own words.

1. una casa solariega
2. una casa de vecindad
3. un piso de lujo
4. un chalé
5. un caserío

Ejercicio 6 Correct the following false statements.

1. La gente pobre vive en palacios.
2. En las grandes ciudades hay muchas casas particulares.
3. Los ricos prefieren vivir en casas de vecindad.
4. Generalmente un piso es más pequeño que un apartamento.
5. Un chalé es una casa grande y lujosa.

SITUACIONES

Actividad 1

You are vacationing in Viña del Mar, Chile. You meet some people from Santiago. You are having a conversation with them.

1. You want to know if they live in the city or in the suburbs. Ask them.
2. They tell you they live in the city. Ask them if they have a private house or an apartment.
3. They tell you they live in an apartment. Ask them if they own or rent it.
4. They tell you that they own it. They want to know if you own or rent your home. Tell them.
5. They ask you if people in the United States prefer to live in the city or in the suburbs. Give them your opinion.
6. They want to know if Americans prefer to own or rent their homes. Tell them what you think.
7. They ask you to describe a typical American home. Do it.

HOJAS DE LA VIDA

Actividad 1

Read the following advertisement that appeared in a newspaper in Madrid.

Answer the questions based on the preceding advertisement.

1. ¿Para qué es el anuncio?
2. ¿Cuántos cuartos tienen las casas?
3. ¿Para cuántos automóviles son los garajes?
4. ¿Cuánto terreno viene con la casa?
5. ¿Cuánto hay que pagar para recibir las llaves?
6. ¿Cuánto hay que pagar cada mes?
7. ¿Cuánto tiempo toma para pagar la casa?

Figure it out, or guess! How do you say…?

1. model house
2. fireplace
3. down payment
4. financing
5. plot (of land)
6. monthly payments

Capítulo 23

La educación

Vocabulario

el profesor
(el catedrático)

la libreta (el bloc)

el apunte

el (libro de) texto

la biblioteca

LIBRERIA

la librería

los resultados

la prueba

Read the following:

la beca   la asistencia financiera que recibe un(a) estudiante
aprobar   salir bien, recibir una calificación satisfactoria
de segunda mano (de ocasión)   no nuevo, ya usado
la lectura   lo que se lee
el aula   la sala de clase

la conferencia	**examinarse**	**repetir**
informar	**el seminario**	**el examen**
el laboratorio		

Ejercicio 1   Choose the correct completions.

1. El doctor Roldán es el (catedrático/aula) para este curso.
2. El curso se da en un (aula/catedrático) en este piso.
3. Cuando el profesor habla, tomamos (textos/apuntes).
4. Ya tengo una (libreta/lectura) llena.
5. Voy a la (librería/biblioteca) a comprar otra.
6. Allí también compraré los (apuntes/textos) para todos mis cursos.
7. En la (librería/biblioteca) no circulan los textos.

Ejercicio 2   Complete the following statements.

1. Yo no tengo que pagar derechos de matrícula porque tengo una _____.
2. Por eso tengo que _____ todos mis cursos.
3. Cada lunes el profesor Ferráz da una _____.
4. Prefiero los _____ en el curso de sociología cuando todos participamos.
5. Ese curso requiere mucha _____, leemos dos o tres libros cada semana.
6. Pero no los compro nuevos, sino de _____.
7. No tenemos un _____ final cuando termina el curso.
8. Pero si tenemos una _____ cada semana.
9. Y queremos que los _____ sean buenos, que aprobemos.
10. A nadie le gustan los exámenes y las pruebas, pero hay que _____.
11. Los resultados de los exámenes se _____ dentro de una semana.
12. Si uno no aprueba un requisito, tiene que _____ el curso.

Comunicación

La clase

EL ESTUDIANTE	¿Qué tal la clase de historia hoy?
LA ESTUDIANTE	Otra conferencia de la doctora Arizmendi. ¡Qué cosa más aburrida!
EL ESTUDIANTE	Gracias a Dios que tengo un curso de física que se basa mucho en trabajo de laboratorio.

Ejercicio 3   Answer the questions based on the preceding conversation.

1. ¿A la estudiante le gusta su clase de historia?
2. ¿Por qué no le gusta? ¿Qué hace la profesora?
3. ¿Cuál es una diferencia entre los cursos de los dos estudiantes?
4. ¿Qué dice la estudiante para indicar su opinión de su clase?

Ejercicio 4   An exchange student from Argentina asks you about your courses. Answer her questions.

1. ¿Qué cursos tienes?
2. ¿Cuál de los cursos te gusta más? ¿Por qué?
3. En tu curso de español, ¿dan muchas conferencias?
4. ¿En qué curso tomas muchos apuntes?
5. ¿En qué curso hay trabajo de laboratorio?
6. ¿Tienes algún seminario? ¿Para qué curso?

Al fin de curso

LA ESTUDIANTE	Pues, ¿vas a aprobar, o no?
EL ESTUDIANTE	No digas eso. No quiero repetir el curso.
LA ESTUDIANTE	¿Cuándo te examinaste?
EL ESTUDIANTE	El examen final fue esta mañana. ¿Y tú?
LA ESTUDIANTE	No tuvimos un examen final. Tuvimos una prueba cada dos semanas. Aprobé todas. No quiero perder mi beca.
EL ESTUDIANTE	¿Cuándo informan los resultados?
LA ESTUDIANTE	El jueves, en la rectoría.

NOTE   There are a number of grading systems in the Spanish-speaking world. Some are based on the letter or number grade system used in the United States. In Spain, the traditional system is, from highest to lowest: **Sobresaliente, Notable, Aprobado, Insuficiente.**

Ejercicio 5   Answer the questions based on the preceding conversation.

1. ¿Qué le pregunta la estudiante?
2. ¿De qué tiene miedo el estudiante?
3. ¿Cuándo tomó su examen final el estudiante?
4. ¿Tomó un examen final la joven?
5. ¿Por qué, o por qué no?
6. ¿Qué resultado tuvo en sus pruebas la joven?
7. ¿Por qué tiene ella que aprobar todos sus cursos?
8. ¿Dónde y cuándo se informarán los resultados de los exámenes?

Ejercicio 6   Your exchange student friend has some questions for you about exams in the United States. Please answer them.

1. ¿Es costumbre aquí tener exámenes finales?
2. ¿Cuándo se dan?
3. ¿Cómo se informan los resultados?
4. ¿Qué prefieres tú, los exámenes finales o varias pruebas?
5. ¿Vas a aprobar todos tus cursos?
6. ¿En qué examen tendrás el mejor resultado?

SITUACIONES

Actividad 1

You are at a bookstore in San Juan. You have to buy some textbooks.
1. Ask for which subjects they have textbooks.
2. You want to know if they have used textbooks also. Ask the clerk.
3. Find out how much less the used textbooks are.
4. You want to know if you can buy notebooks there, too. Ask the clerk.

Actividad 2

You are a student at the University of Santiago in Chile. You have a problem. You cannot attend the seminar today, because you have to study for a test in physics. You want your friend to take notes for you. Tell her you will give her your notebook. You will attend the lecture Thursday and take notes for her. Explain this problem to her and ask if she can help.

HOJAS DE LA VIDA

Actividad 1

Read the following excerpt from a bulletin of information for a special summer course in Spain.

CURSO DE VERANO

DOCUMENTACION

Y DATOS

SOLICITUD DE ADMISION _____

Las personas que deseen inscribirse en el Seminario deben presentar el Boletín de Inscripción debidamente cumplimentado, junto con:

- Fotocopia del D.N.I.
- Dos fotografías tamaño carnet.
- Fotocopia del documento o carnet acreditativo de la situación académica y profesional
- Resguardo de haber abonado los Gastos de Inscripción

ALOJAMIENTO _____

La organización provee a los asistentes facilidades de alojamiento en régimen de pensión completa en el Centro de Enseñanzas Integradas de Gijón.

Importe: 3.000 ptas. por persona y dia. Dichos gastos incluyen desde la cena de la víspera del comienzo del Seminario, hasta el desayuno del día siguiente a su finalización.

Answer the questions based on the bulletin you just read.

1. What is a **Boletín de Inscripción?**
2. What is the I.D. called?
3. You need to submit two photos. Of what size?
4. You need to submit something to indicate your academic status. What is it?
5. You must also submit one more document dealing with money. What is that?
6. Where will the participants be housed?
7. What is the charge per day?
8. What do the participants get for their money?
9. What and when are the first and last meals served?
10. What do the participants get at the end of the seminar?

Capítulo 24

El trabajo

Vocabulario

Read the following:

Elena acaba de recibir su diploma.
Ella se especializó en Administración de Empresas.
Ella busca un *puesto*.   *work, job*
La compañía Risol busca personal.
Ellos necesitan un(a) administrador(a).
Elena llena una *solicitud de empleo*.   *job application*
Ella envía su historial profesional (curriculum vitae)
    al director de personal.

las referencias   informes comerciales sobre una persona
la entrevista   la interviú

Ejercicio 1   Answer the following questions.

1. ¿Qué acaba de recibir Elena?
2. ¿En qué se especializó Elena?
3. ¿Qué busca ella?
4. ¿Quién busca personal?
5. ¿Cómo se llama la compañía (empresa)?
6. ¿Qué puesto quieren cubrir?
7. ¿Qué les envía Elena?
8. ¿Ella les da las referencias que piden?
9. ¿Ellos le dan una entrevista a Elena?
10. ¿Ella acepta el puesto?

La compensación (remuneración)

La paga que uno recibe por su trabajo lleva diferentes nombres según la profesión y el tipo de trabajo.

Profesión u oficio	Tipo de compensación
los labradores (agricultores)	el jornal
los obreros (industriales)	el sueldo
el servicio doméstico	el salario
los arquitectos, abogados etc.	los honorarios
los taxistas, los maleteros	la gratificación
los vendedores	el sueldo + las comisiones
los militares	la soldada

Ejercicio 2   Complete the following statements.

1. El es vendedor de automóviles. Recibe un sueldo de 5000 pesos mensuales. No es mucho. Pero también recibe una _____ por cada carro que vende.
2. Además de su _____, los sirvientes reciben cama y comida.
3. Los médicos reciben sus _____ de los pacientes a quienes tratan.
4. En el campo, los labradores trabajan por día y reciben un _____.
5. En las fábricas, los obreros reciben un _____ semanal.
6. El abogado, como todo profesional, recibe unos _____.
7. El sargento espera recibir su _____ a fines del mes para poder comprar una moto.

Read the following:

El empleado normalmente trabaja unas cuarenta horas a la semana. Tiene un trabajo de **tiempo completo.** Una persona que trabaja menos de tiempo completo tiene un empleo de **tiempo parcial.** Si un trabajador trabaja más de las cuarenta horas normales en una semana, recibe un sobresueldo por las **horas extraordinarias.** Un trabajador que no tiene un puesto permanente y trabaja por un período de tiempo limitado se llama **temporero.**

El desempleo es un problema en muchos países hispanos. También es un problema el sub-empleo, donde sólo hay trabajo de tiempo parcial para los trabajadores.

Ejercicio 3   Say the following in Spanish.

1. part-time job
2. full-time job
3. a temporary employee
4. overtime
5. overtime pay
6. unemployment
7. underemployment

SITUACIONES

Actividad 1

You are interviewing for a position with a Chilean company in the United States. They wish to interview you in Spanish.

1. Tell the interviewer your name, your address, your date of birth, your academic background, and your major field in college.
2. Tell the interviewer that you have your curriculum vitae and a list of references.
3. The interviewer wants to know why you are interested in the job. Explain.
4. The interviewer wants to know if you are willing to work overtime. Respond.

HOJAS DE LA VIDA

Actividad 1

Read the following want ad that appeared in a Spanish newspaper.

IMPORTANTE EDITORIAL DE LIBROS DE TEXTO

PRECISA

ECONOMISTA

Perfil del puesto:
- Preparación a nivel de licenciatura universitaria.
- Se valorará experiencia, aunque no es necesaria.

Se ofrece:
- Incorporación a plantilla.
- Jornada de lunes a viernes.
- Remuneración a convenir, según aptitudes y experiencia.

Escribir con historial y experiencia profesional, indicando número de teléfono para contacto, al Apartado 20.119 de Madrid, indicando en el sobre: ref.: Economista.

Ref.: Goya 28130521-M061

Answer the questions based on the preceding advertisement.

1. ¿Cuál es el producto de la empresa anunciadora?
2. ¿Qué tipo de profesional busca?
3. ¿Cuánta experiencia tiene que tener la persona?
4. ¿Qué preparación académica se requiere?
5. ¿Cuántos días a la semana hay que trabajar?
6. ¿Cuánto le pagarán?
7. ¿Qué tiene que mandar a la compañía?
8. ¿Qué tiene que escribir en el sobre?

Capítulo 25

La descripción

Vocabulario

El pelo

lacio (liso)   rizado   ondulado   calvo

La nariz

aguileña   roma

apuesta

fino (culto, elegante)

simpática

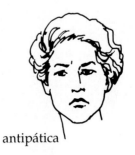

antipática

Read the following:

    canoso   que tiene el pelo blanco (gris)
    basto   ordinario, inculto
    corpulento   gordo, grueso
    flaco   delgado, no gordo
    descuidado   el contrario de «apuesto»

NOTE The word **complexión** means figure, build, form, or body style.

Ejercicio 1   Choose the correct completions.

1. Patricio come demasiado. Por eso está tan _____.
   a. apuesto   b. corpulento   c. rizado
2. Elvira tiene una nariz _____, muy pequeña y sin punta.
   a. roma   b. culta   c. aguileña
3. Fernando tiene que comer más, él está muy _____.
   a. lacio   b. corpulento   c. flaco
4. Doña Mercedes es muy _____. Siempre se ve elegante.
   a. rizada   b. apuesta   c. gorda
5. Marta tiene el pelo _____, ni lacio ni muy rizado.
   a. delgado   b. ondulado   c. descuidado
6. Timoteo no presta atención a su ropa. Se viste de cualquier cosa. Es muy _____.
   a. descuidado   b. delgado   c. ondulado
7. Don Gabino no tiene pelo, es _____.
   a. delgado   b. calvo   c. canoso
8. Esa señora siempre está de mal humor, es muy _____.
   a. antipática   b. canosa   c. rizada
9. La Sra. Carmona es toda una dama, muy elegante, muy _____.
   a. basta   b. gruesa   c. fina
10. Félix Romero no es un caballero, es demasiado _____.
    a. inculto   b. elegante   c. flaco

Ejercicio 2   Match.

1. _____ el (la) aristócrata
2. _____ el (la) modelo
3. _____ el desastre
4. _____ obeso
5. _____ elegante
6. _____ la estatura
7. _____ la apariencia
8. _____ cómico
9. _____ la nacionalidad

a. nationality
b. stature (height)
c. aristocrat
d. model
e. disaster
f. obese
g. comical, funny
h. appearance
i. elegant

Comunicación

El nuevo director

EMPLEADO Ese señor corpulento, ¿es el nuevo director?

EMPLEADA ¿Ese, el gordo, calvo? Sí. Se llama Antonio Pérez Gándara. Dicen que es muy antipático, ese tío.

EMPLEADO Y, ¿por qué se fue doña Emilia? Ella era muy simpática y excelente directora.

EMPLEADA Ella ahora es vice presidente ejecutiva de la empresa. ¡Qué mujer más apuesta y elegante! Parece una modelo, con ese pelo largo y ondulado, su nariz aguileña de aristócrata. ¡Qué fina! ¡Y qué inteligente y diplomática!

EMPLEADO Igual que el Sr. Pérez, ¿verdad? Apuesto, fino.

EMPLEADA ¿Pérez? Tiene que ser el hombre más inculto y basto del mundo. No sabe ni vestirse. Siempre anda sucio y descuidado. Es un desastre.

EMPLEADO Me da la impresión que tú le admiras mucho, ¿no?

EMPLEADA Me da la impresión de que tú eres muy cómico.

Ejercicio 3 Answer with one word or a short phrase based on the preceding conversation.

1. ¿Quién es el Sr. Pérez?
2. Describa el carácter del Sr. Pérez.
3. ¿Es alto y delgado el Sr. Pérez?
4. ¿Quién era directora antes de Pérez?
5. ¿Prefieren los empleados al Sr. Pérez o a doña Emilia?

Ejercicio 4 Which of the two people discussed in the preceding conversation does the description fit?

1. Se viste muy mal y no está muy limpio.
2. Ahora tiene una posición más importante.
3. Los empleados respetan más a esta persona.
4. Es muy elegante.

Ejercicio 5 In one or two sentences in Spanish, describe both doña Emilia and Antonio Pérez Gándara.

1. Doña Emilia es ...
2. El Sr. Pérez Gándara es ...

Ejercicio 6   You are asked to describe your missing friend in Guadalajara. Answer the investigator's questions. Use the cues.
1. ¿De qué complexión es su amiga?   *tall, heavyset*
2. Y el pelo, ¿cómo es?   *grey, wavy*
3. ¿Cómo se viste, cómo es su apariencia?   *elegant*

Ejercicio 7   Describe with a few words or a short sentence.

1. Sancho Panza
2. Abraham Lincoln
3. Jacqueline Kennedy
4. Napoleón Bonaparte
5. Martina Navratilova
6. Margaret Thatcher

SITUACIONES

Actividad 1

An exchange student from Chile wants to know about the faculty.
1. Tell her who the nicest faculty member is, and give her a physical description of that person.
2. Tell her who has the reputation for being most unpleasant and describe that person.
3. Describe the Dean of Students to her.

Actividad 2

A student from Mexico is looking for housing off campus. Give him the name and the following description of the landlord. He is about 50 years old. He has short, curly grey hair. He is short and heavyset. He is usually sloppily dressed.

Actividad 3

An Argentine film director is looking for someone to play the part of a countess. One of your aunts is perfect for the part. Describe her to the director. She is about 45 years old. She is tall and slim, with an aquiline nose, long, straight hair that is quite grey. She is very elegant and refined. She is American, but her parents are Argentine.

Capítulo 26

El tiempo

Vocabulario

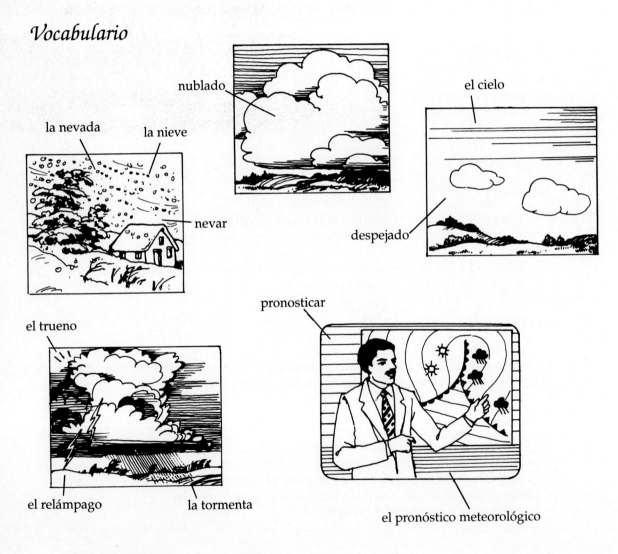

Read the following:

la precipitación   la lluvia, la nieve, etc.
soleado   el contrario de «nublado», cuando hay sol

Ejercicio 1   Answer the following questions.

1. ¿El cielo está nublado o despejado?
2. ¿Va a llover o va a nevar?
3. ¿Es soleado el día o hay precipitación?

Ejercicio 2   Choose the correct completions.

1. Mira, el (cielo/sol) está azul hoy.
2. Pero la tele (llueve/pronostica) mal tiempo.
3. El pronóstico es para (sol/nieve).
4. Esperan (una nevada/un cielo) grande.

Ejercicio 3   Complete the following statements.

1. Lo leo, y lo escucho en la radio, pero no creo en el pronóstico _____.
2. Pero mira. El cielo está muy nublado. Creo que vamos a tener una _____ con mucha lluvia.
3. Ya oigo los _____ en la distancia.
4. Y mira, ya se ven los _____ en el cielo.

Comunicación

A esquiar

EL JOVEN   ¿Qué dice el pronóstico meteorológico en la tele?
LA JOVEN   Que va a nevar toda la semana.
EL JOVEN   Pues queremos nieve, ¿no?
LA JOVEN   Sí, claro. Va a empezar pronto, creo.
EL JOVEN   El cielo está nublado.

Ejercicio 4   Answer with one or two words based on the preceding conversation.

1. ¿Qué mira la joven?
2. ¿Va a llover?
3. ¿Qué va a hacer?
4. ¿Durante cuánto tiempo va a nevar?
5. ¿Qué quieren los jóvenes?
6. ¿Por qué creen que va a empezar a nevar pronto?

Ejercicio 5   Answer the questions based on the cues.

1. ¿Qué tal el tiempo?   *cloudy*
2. ¿Va a llover?   *no, snow*
3. ¿Cómo lo sabes?   *weather report*

El pronóstico

(*En la televisión*) Parece que la nevada que pronosticamos no llegará. Pero sí, tendremos precipitación. Va a llover. Y no sólo un poco de lluvia, sino una tormenta con relámpagos y truenos, y mucho viento. Debe ser algo espectacular. Todo eso, esta noche. Y para mañana, un día despejado y soleado, con un cielo azul y brillante. Temperaturas entre los 5 y 8 grados.

Ejercicio 6   Choose the correct answers based on the preceding weather report.

1. ¿Qué pronosticaron antes?
   a. lluvia   b. truenos   c. nieve
2. ¿Qué pronostican para esta noche?
   a. un poco de nieve   b. mucha lluvia   c. mucho calor
3. ¿Qué va a pasar mañana?
   a. Va a hacer buen tiempo.   b. Va a nevar.   c. Va a llover.
4. ¿Cuál será la temperatura mañana, aproximadamente?
   a. 2 grados   b. 7 grados   c. 58 grados

SITUACIONES

Actividad 1

You are worried about your friends in Puerto Rico. A storm is expected. You call the operator in San Juan for information.
1. Ask her what the forecast is.
2. You want to know if it is raining now. Ask her.
3. She tells you it is raining. Find out if there is a lot of rain.
4. Ask her if it is very windy.
5. You want to know if it will be a big storm. Ask her.

Actividad 2

You plan to drive from Santiago to Portillo to ski. You are speaking with the concierge.
1. You want to know what the forecast is for tomorrow. Ask him.
2. You want to know if there was a snowfall this week. Ask him.
3. Find out if it is snowing in Portillo now.
4. You want to know what the temperature is there. Ask him.

Actividad 3

You heard a terrible storm last night in your hotel in Santo Domingo. You are having a conversation at breakfast with several hotel guests who just arrived.
1. They want to know if there was thunder and lightning last night. Tell them.
2. They ask if you think it will be sunny and clear all day today. Respond.
3. Tell them it looks a little cloudy, however.

HOJAS DE LA VIDA

Actividad 1

Read the following weather report from a Spanish newspaper.

El calor sigue siendo noticia

José A. MALDONADO

Ayer

Unicamente llovió de forma muy débil y aislada en la región gallega.

Temperaturas extremas: Máxima, 36 grados, en Bilbao y Santa Cruz de Tenerife, y mínima, 8, en Soria.

En Madrid: Máxima, 30 grados, y mínima, 12. La presión a las veinte horas era de 708,6 milímetros, tendiendo a descender ligeramente. La humedad osciló entre el 40 y el 78 por 100. Los vientos fueron flojos y de dirección variable.

Datos astronómicos: El Sol saldrá hoy, martes, a las siete horas once minutos, y se pondrá a las dieciocho horas cincuenta y ocho minutos. La Luna saldrá a las veinte horas cuarenta y nueve minutos y se pondrá a las nueve horas veinticuatro minutos.

Pronósticos

Area de Madrid: Cielo parcialmente nuboso, con posibilidad de alguna precipitación débil en la sierra. Los vientos serán flojos y las temperaturas bastante altas.

Cantábrico: Parcialmente nuboso, con riesgo de algún chubasco débil en la mitad occidental.

Galicia: Muy nuboso, con precipitaciones débiles y ocasionalmente moderadas.

Duero: Parcialmente nuboso, con posibilidad de alguna precipitación de escasa importancia en la cuenca alta.

Extremadura: Intervalos nubosos, más abundantes por la tarde.

La Mancha: Poco nuboso o despejado.

Andalucía: Poco nuboso.

Levante: Despejado o casi despejado.

Ebro: Despejado por la mañana, aunque con algunos bancos de niebla en la cuenca alta y parcialmente nuboso por la tarde.

Cataluña: Poco nuboso o despejado.

Baleares: Despejado o casi despejado.

Canarias: Poco nuboso en las Islas orientales, y parcialmente nuboso en las occidentales.

Mañana: Nuboso, con riesgo de algunas precipitaciones de poca importancia en Galicia. Parcialmente nuboso en la vertiente cantábrica, cuencas altas del Duero y Ebro, Pirineos y el Sistema Central. Despejado o casi despejado en las demás regiones.

Answer the questions based on the weather report you just read.

1. ¿En qué ciudad de España hizo más frío?
2. ¿En cuál hizo más calor?
3. ¿En qué región llovió ayer?
4. ¿Cuántas horas de sol tendrán el martes?
5. ¿Dónde es más probable que habrá lluvia mañana, en Galicia o en La Mancha?

Choose the correct place based on the preceding weather report.

1. Allí hizo mucho calor.
   a. Tarragona   b. Bilbao   c. Amsterdam
2. Allí el cielo estará claro.
   a. Galicia   b. Levante   c. Duero
3. Allí es posible un poco de lluvia en la parte del oeste.
   a. Cantábrico   b. Andalucía   c. Cataluña

Capítulo 27

El crimen

Vocabulario

el cuchillo

la cartera

Read the following:

La pistola es un arma de fuego.
El cuchillo es un *arma blanca*.
Un ladrón es un criminal que roba.
El carterista es un ladrón que roba carteras.

bladed weapon

"¡SOCORRO!"

Ejercicio 1   Match.

1. ____ el robo	a. police
2. ____ el crimen	b. criminal
3. ____ el criminal	c. robbery
4. ____ el arma	d. crime
5. ____ robar	e. arm, weapon
6. ____ amenazar	f. victim
7. ____ arrestar	g. to rob
8. ____ aprehender	h. to menace, to threaten
9. ____ denunciar	i. to arrest
10. ____ la policía	j. to apprehend
11. ____ la víctima	k. to denounce, to report
12. ____ el carterista	l. pickpocket

Ejercicio 2   Choose the correct completions.

1. La gente tiene miedo a causa _____.
   a. del crimen   b. de la cartera   c. de la víctima
2. El gobierno no tiene dinero para más _____.
   a. policías   b. víctimas   c. cuchillos
3. El número de _____ en la calle está subiendo.
   a. turistas   b. robos   c. carteras
4. Los criminales buscan a alguien para _____.
   a. arrestar   b. denunciar   c. robar
5. Y la policía anda en busca de _____.
   a. las víctimas   b. los robos   c. los ladrones
6. Pero no es fácil _____ a los criminales.
   a. robar   b. aprehender   c. amenazar
7. Muchas veces _____ no van a la policía.
   a. los carteristas   b. los ladrones   c. las víctimas
8. Si la víctima no _____ el robo, la policía no puede hacer nada.
   a. amenaza   b. denuncia   c. arresta
9. Ayer me robaron _____ en la estación del metro.
   a. el cuchillo   b. la policía   c. la cartera
10. Me la llevó _____ y yo no me dí cuenta.
    a. un policía   b. una víctima   c. un carterista
11. Me cortó el bolsillo con _____ y me quitó la cartera.
    a. un cuchillo   b. una amenaza   c. un arma de fuego

Ejercicio 3   Match.

1. ____ un arma blanca	a. una pistola
2. ____ arrestar	b. usar un cuchillo
3. ____ amenazar	c. un cuchillo
4. ____ un arma de fuego	d. aprehender
5. ____ cortar	e. dar miedo a una persona con un arma

Comunicación

Un robo

EL TURISTA	Quiero denunciar un robo.
LA POLICIA	¿Quién es la víctima, por favor?
EL TURISTA	Soy yo, señorita. Me robaron en el metro.
LA POLICIA	¿Cuándo ocurrió?
EL TURISTA	Hace poco, como media hora. En la estación de Metro de Antón Martín.
LA POLICIA	¿El ladrón empleó algún arma?
EL TURISTA	No. Era un carterista. Ni me dí cuenta del robo.
LA POLICIA	¿Puede explicarme lo que pasó?
EL TURISTA	Cómo no. Había mucha gente esperando el tren. Un hombre me empujó. Yo creía que él quería adelantarme. Poco después, en el tren, noté que tenía el pantalón *roto*.
LA POLICIA	Claro. Es un *truco* de ellos. Uno le llama la atención, y el otro le corta el bolsillo y le quita la cartera. ¿Cuánto perdió Ud.?
EL TURISTA	Unas cinco mil pesetas en efectivo más las tarjetas de crédito, el pasaporte y el carnet de conductor.

ripped

trick, deception

Ejercicio 4   Choose the correct completions based on the preceding conversation.

1. La señorita es _____.
   a. turista   b. policía
2. El crimen ocurrió en _____.
   a. una estación   b. un autobús
3. El ladrón le cortó _____.
   a. a una persona   b. un pantalón
4. El turista perdió _____ pesetas.
   a. 500   b. 5000

Ejercicio 5   In your own words, explain in Spanish what happened to the tourist.

El turista estaba en…

Ejercicio 6   True or false?

1. Al turista le robaron en la estación.
2. El ladrón le amenazó con un cuchillo.
3. Había muy poca gente en la estación.
4. Al turista le robaron solamente dinero.
5. Perdió menos de diez mil pesetas.

SITUACIONES

Actividad 1

You are in the airport of La Aurora in Guatemala City. You notice that your wallet is missing.
1. Tell a police officer that someone has robbed you.
2. He asks you what was taken. Tell him that they took money.
3. He asks you how much money was taken. Tell him that you had 300 quetzales in cash and $300 US in travelers checks.
4. He asks you if you saw the pickpocket. Tell him.

Actividad 2

A woman visiting from Chile has just been robbed in your city. You are trying to help her.
1. Find out from her what happened.
2. Ask her to describe the thief or thieves.
3. You want to know what was stolen. Ask her.
4. You want to know if they threatened her with a weapon. Ask her.

Appendix

Following is a listing, arranged alphabetically by topic, for all vocabulary presented in the book. This list also includes the vocabulary presented in the first book in this series. We have also included commonly used regionalisms when appropriate. The first entry is the word taught in the lesson and, in most instances, understood in all Spanish-speaking countries.

El teléfono (Capítulo 1)

(to) *answer*   contestar
   area code   la clave de área
(to) *call on the telephone*   llamar por teléfono
   coin   la moneda
   collect call   la llamada por cobrar
   connection   la comunicación
   cordless telephone   el teléfono inalámbrico
   country code   el prefijo del país
   credit card call   la llamada con tarjeta de crédito
   dial   el disco
(to) *dial*   marcar, discar
   dial tone   el tono, la señal
(to) *hang up*   colgar
(to) *insert (coin in slot)*   introducir (la moneda en la ranura)
   international call   la llamada internacional
   local call   la llamada urbana (local)
   long-distance call   la llamada de larga distancia
(to) *make a telephone call*   hacer una llamada (telefónica)
   message   el mensaje, el recado
   operator   el (la) operador(a)
   party   el (la) interlocutor(a)
   person-to-person call   la llamada de persona a persona
(to) *pick up (receiver)*   descolgar
   private telephone   el teléfono privado
   public telephone   el teléfono público
   push button telephone   el teléfono de (a) botones
   receiver   el auricular, la bocina
   slot   la ranura
   station-to-station call   la llamada de estación a estación

(to)   talk on the telephone   comunicar
　　telephone   el teléfono, el aparato
(to)   telephone   telefonear
　　telephone book (directory)   la guía telefónica
　　telephone booth   la cabina telefónica
　　telephone call   la llamada telefónica
　　telephone number   el número de teléfono
　　toll call   la llamada interurbana
(to)   wait for   esperar
　　Who's calling?   ¿De parte de quién?

El correo (Capítulo 2)

　　address   la dirección, las señas
　　addressee   el (la) destinatario(-a)
　　airmail   el correo aéreo
(to)   deliver   repartir, entregar
　　envelope   el sobre
　　form   el formulario
(to)   insure   asegurar
　　letter   la carta
　　letter carrier   el (la) cartero(-a)
　　mail   el correo, la correspondencia
(to)   mail   enviar, mandar
　　mailbox   el buzón
　　name   el nombre
　　package   el paquete
　　postage   el franqueo
　　postal zip code   la zona postal
　　post office   el correo, la casa de correos
　　post office box   el apartado postal, la casilla
(to)   put a letter in the mailbox   echar una carta al buzón
　　registered mail   el correo certificado, el correo recomendado
　　scale   la balanza
(to)   send   mandar, enviar
　　sender   el (la) remitente
　　stamp   el sello, la estampilla
　　value   el valor
(to)   weigh   pesar
　　window   la ventanilla

El banco (Capítulo 3)

account la cuenta
application el formulario, la solicitud
balance el saldo, el balance
bank el banco
bank book la libreta
bank check el cheque de banco
bill el billete
cash el dinero en efectivo
(to) cash cobrar
change el cambio; *in coins* el suelto
(to) change cambiar
charge el cargo
check el cheque
checkbook la chequera, el talonario
checking account la cuenta corriente
coin la moneda
(to) collect cobrar
deposit el depósito
(to) deposit depositar, ingresar, hacer un depósito
(to) endorse endosar
exchange rate el cambio, la tasa de cambio, el tipo de cambio
(to) fill out llenar
funds los fondos
(to) make a deposit hacer un depósito, depositar, ingresar dinero
money el dinero
passbook la libreta
(to) pay pagar
(to) save ahorrar
savings account la cuenta de ahorros
(to) sign firmar
(to) take out sacar, retirar
traveler's check el cheque de viajero
(to) withdraw retirar, sacar

Viajando por avión (Capítulo 4)

agent el (la) agente
airline la línea aérea
airplane el avión

            airport   el aeropuerto
            aisle   el pasillo
            announcement   el anuncio
            arrival   la llegada
            arrow   la flecha
            baggage claim   el reclamo de equipaje
            baggage claim stub   el talón
            bathroom   el aseo
            belt (of baggage claim)   la correa
            blanket   la manta, la frazada, la frisa
(to)   *board*   abordar
            boarding   el embarque
            boarding pass   la tarjeta de embarque, el pasabordo
            briefcase   el maletín
(to)   *check (baggage)*   facturar
(to)   *claim*   reclamar, recoger
            counter   el mostrador
            customs   la aduana
(to)   *declare*   declarar
            delay   la demora
            departure   la salida
            departure screen   la pantalla
            destination   el destino
(to)   *disembark*   desembarcar
            domestic   doméstico, nacional
            drink   la bebida
            emergency exit   la salida de emergencia (urgencia)
(to)   *fasten*   abrocharse
            flight   el vuelo
            flight attendant   el (la) asistente(-a) de vuelo, el (la) aeromozo(-a), la azafata
            foreign   extranjero
            gate   la puerta
            headset   los audífonos
            international   internacional
            label   la etiqueta
            landing   el aterrizaje
            life jacket   el chaleco salvavidas
            luggage   el equipaje
            meal   la comida
            national   nacional
            (no) smoking section   la sección de (no) fumar
            on board (airplane)   abordo
            oxygen mask   la máscara de oxígeno
            passport   el pasaporte

    passport control el control de pasaportes
(to) *pick up (luggage)* recoger, reclamar
    pillow la almohada
    porter el mozo
    row la fila
    seat el asiento
    seat belt el cinturón de seguridad
    security check el control de seguridad
    sign la señal, el aviso
    tag (luggage) la etiqueta
    takeoff el despegue
    terminal la terminal
    ticket el boleto, el billete
    visa la visa, el visado
    window la ventanilla

En el tren (Capítulo 5)

    aisle el pasillo
(to) *arrive* llegar
    bed la cama
    berth la litera
(to) *board* abordar, subir (al tren)
    buffet el bufé
    car (of a train) el vagón, el coche
(to) *change trains* trasbordar
(to) *check luggage* facturar
    checkroom la consigna
    compartment el compartimiento
    conductor el revisor, el controlador
    delay el retraso, la demora
    departure la salida
    destination el destino
    dining car el coche-comedor
    express expreso
    first -class primera clase
    free, unoccupied libre
(to) *get off* apearse, bajar(se)
(to) *get on* abordar, subir
    hand luggage el equipaje de mano
    late tarde, de retraso

local train   (el tren para) las cercanías
long-distance train   (el tren de) largo recorrido
luggage   el equipaje
mail train   el correo
on time   a tiempo
one-way   sencillo, de ida solamente
platform   el andén
porter   el mozo
round-trip   de ida y vuelta, de regreso
schedule   el horario
seat   el asiento
second-class   segunda clase
sleeping car   el coche-cama, el coche-literas
station   la estación (de ferrocarril)
stop   la parada
suitcase   la maleta
(to)   *take a trip*   hacer un viaje
ticket   el boleto, el billete
ticket window   la ventanilla, la boletería
timetable   el horario
track   la vía
train   el tren
train station   la estación de ferrocarril
trip   el viaje
unoccupied   libre
waiting room   la sala de espera

Pidiendo y comprendiendo direcciones (Capítulo 6)

across from   enfrente de
behind   detrás de
block   la cuadra
east   el este
in front of   enfrente de, delante de
left   la izquierda
next to   al lado de
north   el norte
right   la derecha
south   el sur
straight   derecho
(to)   *turn*   doblar
west   el oeste

Alquilando un automóvil (Capítulo 7)

accelerator   el acelerador
automatic shift   el cambio automático, la transmisión automática
brake   el freno
car   el automóvil, el auto, el carro, el coche
charge   el cargo
(to)   *charge*   cobrar
clutch   el embrague
contract   el contrato
credit card   la tarjeta de crédito
directional signal   el (la) direccional, el (la) intermitente
door   la puerta
driver   el conductor
driver's license   la licencia, el permiso (de conducir), el carnet (de conductor)
(to)   *fill*   llenar
flat   vacío, pinchado
gas   la gasolina, la bencina, la nafta
gear shift   el cambio de velocidades
glove compartment   la guantera, la secreta
heater   el calentador
horn   la bocina, el klaxon, el claxon
ignition key   la llave de contacto
insurance   los seguros
jack   el gato, la gata
key   la llave
kilometer   el kilómetro
lever (bright lights, turn signals, etc.)   la palanca, la varita
lights   las luces (*s.* la luz), los faros
liter   el litro
make (car)   la marca
manual shift   el cambio manual
map   el mapa, el plano, el plan
mileage (in kilometers)   el kilometraje
model   el modelo
price   el precio
rear-view mirror   el retrovisor
rent   el alquiler
(to)   *rent*   alquilar, rentar, arrendar
rental agency   la agencia de alquiler
reverse   marcha atrás
spare tire   el neumático (la goma, la llanta) de repuesto
speed   la velocidad
(to)   *start (car)*   prender, arrancar

　　　steering wheel　el volante
　　　tank (gas)　el tanque, el depósito
　　　tire　la goma, el neumático, la llanta, el caucho
　　　transmission　la transmisión
　　　trunk (car)　el baúl, la maletera
(to)　*turn*　doblar, virar
　　　windshield　el parabrisas
　　　windshield wiper　el limpiaparabrisas

La gasolinera (Capítulo 8)

　　　accelerator　el acelerador
　　　air　el aire
　　　antifreeze　el anticongelante
　　　battery　la batería
　　　brake　el freno
　　　bumper　el parachoques
　　　carburetor　el carburador
(to)　*change*　cambiar
(to)　*check*　revisar
　　　cylinder　el cilindro
(to)　*fill*　llenar
　　　gas　la gasolina, la bencina, la nafta
　　　gas station　la gasolinera, la estación (de servicio)
　　　gear shift　el cambio de velocidades
　　　generator　el generador, el dínamo
　　　high test, high octane　super
　　　lead　el plomo
　　　liter　el litro
(to)　*lubricate*　lubricar
　　　mechanic　el mecánico
　　　motor　el motor
　　　oil　el aceite
　　　pedal　el pedal
　　　radiator　el radiador
　　　regular　normal
　　　speed　la velocidad
(to)　*stop*　parar
　　　super　super
　　　tank　el tanque
　　　tire　el neumático, la goma, la llanta
　　　transmission　la transmisión
　　　unleaded　sin plomo
　　　windshield　el parabrisas
　　　windshield wiper　el limpiaparabrisas

Conduciendo (Capítulo 9)

accident   el accidente
coin   la moneda
corner   la esquina
crossing   el cruce
curve   la curva
direction   la dirección, el sentido
do not enter   prohibido el paso, no entre
(to) *drive*   conducir, manejar
driver's license   el permiso de conducir, la licencia, el carnet
(to) *exceed*   exceder
fast   rápido
fine   la multa
(to) *give a summons*   denunciar
heavy   pesado
highway   la carretera
hill   la cuesta, la subida
illegally   ilegalmente
intersection   el cruce, la intersección, la bocacalle
lane   el carril, la pista, la banda, el canal
left   la izquierda
line   la línea
maneuver   la maniobra
one-way   de sentido único
(to) *overtake*   pasar, adelantar, rebasar
(to) *park*   estacionar, aparcar, parquear
parking lot   el estacionamiento, el aparcamiento, el parking
parking meter   el parquímetro
(to) *pass*   pasar, adelantar, rebasar
pedestrian   el (la) peatón(-ona)
right   la derecha
(to) *signal*   señalizar, avisar
slow   lento, despacio
speed   la velocidad
speed limit   la velocidad máxima
Stop!   ¡Pare! ¡Alto!
(to) *stop*   parar
straight   recto, derecho
traffic   el tránsito
traffic light   el semáforo, la luz (de tráfico)
traffic sign   la señal de tránsito
(to) *turn*   virar, doblar
turnpike   la autopista

vehicle   el vehículo
yellow (light)   ámbar, amarillo
(to)   *yield*   ceder el paso

El hotel (Capítulo 10)

available   disponible
bathroom   el (cuarto de) baño
bellhop   el botones, el mozo
bill   la cuenta, la factura, la nota
blanket   la manta, la frazada, la frisa
breakfast   el desayuno
call   la llamada
card (for registration)   la tarjeta
cash   el efectivo
cashier   el (la) cajero(-a)
cashier's office   la caja
change   el cambio
charge   el cargo
clean   limpio
(to)   *clean*   limpiar
cleaning   la limpieza
clothing   la ropa
confirmation   la confirmación
credit card   la tarjeta de crédito
desk clerk   el (la) recepcionista
dining room   el comedor
dirty   sucio
double room   el cuarto doble, la habitación doble
(to)   *face*   dar a
(to)   *fill out*   llenar
floor   el piso
full   completo, lleno
guest   el (la) huésped
hotel   el hotel
key   la llave
laundry service   el servicio de lavandería
luggage   el equipaje
maid   la camarera, la mucama
manager   el (la) gerente
(to)   *pay*   pagar
pillow   la almohada

receipt   el recibo
receptionist   el (la) recepcionista
registration counter   la recepción
reservation   la reservación, la reserva
room   el cuarto, la habitación
room service   el servicio de cuartos (habitaciones)
shower   la ducha
single room   el cuarto sencillo, la habitación sencilla
(to)   sleep   dormir
soap   el jabón
suitcase   la maleta
suite   la suite
(to)   take up   subir
telephone   el teléfono
toilet   el inodoro, el retrete, el w.c.
toilet paper   el papel higiénico
towel   la toalla
travel agency   la agencia de viajes
(to)   wash   lavar

Comprando ropa (Capítulo 11)

beige   beige
belt   el cinturón
blouse   la blusa
brown   marrón, castaño, café
button   el botón
canvas   la lona
cash register   la caja
checked   cuadrado, con cuadros
clothes   la ropa, la indumentaria
clothing store   la tienda de ropa
color   el color
coffee (color)   café
(to)   cost   costar
counter   el mostrador
cream (color)   crema
crease   la raya
credit card   la tarjeta de crédito
cuff (shirt)   el puño;   (pants)   la vuelta, el doblez
dark blue   azul oscuro
(to)   fit   sentar bien

fly   la bragueta
(to) *go with*   hacer juego, armonizar, combinar bien
heel   el tacón
hem (of skirt)   el bajo
high heel   el tacón alto
jacket   el saco, la chaqueta, la campera, la americana
khaki   kaki, caqui
lapel   la solapa
leather   el cuero
light blue   azul claro
(to) *look good*   quedar bien
low heel   el tacón bajo
man   el señor, el caballero
narrow   estrecho
navy blue   azul marino
olive green   verde olivo
outfit   el conjunto
paisley   paisley
pants   el pantalón
(to) *pay*   pagar
(to) *pinch*   apretar
pocket   el bolsillo
polka dot   el lunar
price   el precio
rubber sole   la suela de goma, la suela de caucho
salesclerk   el (la) dependiente
scarf   la bufanda
shirt   la camisa
shoe   el zapato
shoelace   el cordón, el pasador
shoe store   la tienda de zapatos (calzado)
shoulder   el hombro
size   el tamaño, el número, la talla
skirt   la falda
sleeve   la manga
sole   la suela
sport   deportivo
steel grey   gris acero
store   la tienda
striped   rayado, de rayas
suit   el traje
tie   la corbata
tight   apretado
waist   la cintura

wide   ancho
window   el escaparate
wine (color)   vino
woman   la señora, la dama
zipper   el cierre, la cremallera

La tintorería y la lavandería (Capítulo 12)

(to)   *dry clean*   limpiar en (a) seco
  dry cleaning   la limpieza en (a) seco
  dry cleaner   la tintorería
(to)   *iron*   planchar
  ironing   el planchado
  laundry   la lavandería, el lavado
  ready   listo
  starch   el almidón
  wash   el lavado, la lavandería
(to)   *wash*   lavar
  wool   la lana
  wrinkled   arrugado

La barbería y la peluquería (Capítulo 13)

  back   atrás
  barber   el barbero
  barber shop   la barbería
  beauty shop   la peluquería
  brush   el cepillo
  comb   el peine
(to)   *comb*   peinar
  curly   rizado
(to)   *cut*   cortar
  hair   el pelo
  haircut   el corte de pelo
  hairdresser   el (la) peluquero(-a)
  hairstyle   el peinado
  in front   en frente
  long   largo
  on top   arriba
  part (hair)   la raya
  permanent   la permanente

razor   la navaja
scissors   las tijeras
set   el rizado
shampoo   el champú
short   corto
side   el lado
straight   liso, lacio
wash   el lavado
(to)   *wash*   lavar

Comprando comestibles (Capítulo 14)

aisle   el pasillo
bag   la bolsa
bakery   la pastelería
bread   el pan
bread store   la panadería
butcher shop   la carnicería
(to)   *buy*   comprar
cart   el carrito
cash register   la caja
cold cuts   los fiambres
expensive   caro
fish   el pescado
fish market   la pescadería
food   los comestibles
fruit   la fruta
fruit store   la frutería
gram   el gramo
grocery store   la bodega, el colmado, la pulpería, la tienda de ultramarinos, la tienda de
    abarrotes
How much?   ¿Cuánto? ¿A cuánto está(n)? ¿A cómo es (son)?
hypermarket   el hípermercado
kilo   el kilo
meat   la carne
milk   la leche
milk store   la lechería
(to)   *need*   necesitar
pastry   el pastel, la pastelería
pork store   la charcutería
(to)   *push*   empujar
(to)   *sell*   vender

shellfish   los mariscos
shellfish store   la marisquería
store   la tienda
supermarket   el supermercado
vegetable   la legumbre, el vegetal, la verdura
vegetable store   la verdulería

El restaurante (Capítulo 15)

bill   la cuenta
coffee   el café
coffee pot   la cafetera
credit card   la tarjeta de crédito
cup   la taza
egg   el huevo
expresso   el café exprés, el cafecito
fish   el pescado
fixed menu   el menú del día, el menú de la casa, el menú turístico
fixed price   el precio fijo
fork   el tenedor
fowl   las aves
glass   el vaso;   *wine*   la copa
hors d'oeuvres   los entremeses
knife   el cuchillo
medium (meat)   a término medio
medium rare   un poco rojo pero no crudo
menu   el menú
(to)   order   pedir
(to)   pay   pagar
pepper   la pimienta;   *(hot)*   el ají, el chile;   *(sweet)*   el pimiento
pepper shaker   el pimentero
place setting   el cubierto
plate   el plato
rare (meat)   poco asado, casi crudo
(to)   recommend   recomendar, sugerir
red wine   el (vino) tinto
reservation   la reservación, la reserva
(to)   reserve   reservar
restaurant   el restaurante
salt   la sal
salt shaker   el salero
saucer   el platillo

service   el servicio
shellfish   el marisco
soup   la sopa
specialty   la especialidad
spoon   la cuchara
table   la mesa
teaspoon   la cucharita
tip   la propina
vegetable   la legumbre, la verdura
waiter   el mesero, el camarero
well done (meat)   bien asado, bien hecho, bien cocido
white wine   el vino blanco
wine   el vino

Preparando la comida (Capítulo 16)

(to)   *bake*   asar
         baking pan   el molde, la tortera
(to)   *boil*   hervir
         burner (on a stove)   la hornilla, el hornillo
         cauldron   la caldera
(to)   *chill*   enfriar
(to)   *cook*   cocinar
         electric stove   la cocina (la estufa) eléctrica
         food processor   el procesador de alimentos
         freezer   el congelador
(to)   *fry*   freír
         frying pan   la (el) sartén
         gas stove   la cocina (la estufa) de (a) gas
         handle   el mango
(to)   *heat*   calentar
         kitchen   la cocina
         lid   la tapa
         meal   la comida
         microwave   el horno de microondas
         oven   el horno
         pot   la olla, la cacerola
         pressure cooker   la olla de presión
         refrigerator   el refrigerador, la nevera
         saucepan   la cacerola
(to)   *sauté*   saltear
         stove   la cocina, la estufa

El médico (Capítulo 17)

antibiotic   el antibiótico
appointment   la cita
bad   mal
bandage   el vendaje, las vendas
blood pressure   la tensión (presión) arterial
bone   el hueso
(to)   *break*   romper
broken   roto
cast   el yeso
cold   el catarro, el resfriado
congestion   la congestión
cough   la tos
crutches   las muletas
diarrhea   la diarrea
doctor   el (la) doctor(a), el (la) médico(-a)
doctor's office   la consulta del médico
(to)   *examine*   examinar
(to)   *examine with a stethoscope*   auscultar
(to)   *feel*   sentir
fever   la fiebre
(to)   *fill out*   llenar
form   el formulario
fracture   la fractura
(to)   *have a cold*   tener catarro, estar resfriado(-a)
head   la cabeza
headache   el dolor de cabeza
(to)   *hurt*   doler
(to)   *injure*   hacerse daño, lastimar
knee   la rodilla
ligament   el ligamento
medicine   la medicina
nurse   el (la) enfermero(-a)
orthopedist   el (la) ortopedista
pain   el dolor
patient   el (la) enfermo(-a), el (la) paciente
physical examination   el examen físico
(to)   *prescribe*   recetar
prescription   la receta
(to)   *put a cast on*   enyesar
(to)   *roll up one's sleeve*   subir la manga
sick   enfermo
(to)   *slip*   resbalar

(to) *sneeze*   estornudar
(to) *sprain*   torcer
       stethoscope   el estetoscopio
       stomach   el estómago
       stomach ache   el dolor de estómago
       swollen   hinchado
(to) *take an x-ray*   sacar una radiografía, tomar unos rayos x
       temperature   la temperatura, la fiebre
       tendon   el tendón
       thermometer   el termómetro
       throat   la garganta
       treatment   el tratamiento
       weak   débil
       well   bien
       x-ray   la radiografía, los rayos x

La farmacia (Capítulo 18)

       allergy   la alergia
       analgesic   analgésico
       antibiotic   el antibiótico
       capsule   la cápsula
       codeine   la codeína
       dosage   la dosis
       drug   la droga
       drug addict   el (la) drogadicto(-a)
(to) *fill (the prescription)*   preparar (la receta)
       itch   la picazón
       label   la etiqueta
       narcotic   el narcótico
       penicillin   la penicilina
       pharmacist   el (la) farmacéutico(-a)
       pharmacy   la farmacia
       pill   el comprimido
(to) *prescribe*   recetar
       prescription   la receta, la prescripción
       rash   la erupción
(to) *refill (a prescription)*   repetir (una receta)
(to) *relieve*   aliviar
       salve   el ungüento
       strong   potente
       syrup   el jarabe

tablet   el comprimido
teaspoon   la cucharadita
unbearable   inaguantable, insoportable

El recreo cultural (Capítulo 19)

act   el acto
actor   el actor
actress   la actriz
advertisement   el anuncio
(to) *applaud*   aplaudir
box office   la taquilla, la boletería
(to) *buy*   comprar
cartoon   la película de dibujos animados
cast   el elenco
center   el centro
comedy (movie)   la película cómica;   *(theater)*   la comedia
continuous showing   sesión contínua
(to) *cost*   costar
costumes   el vestuario
curtain   el telón
detective movie   la película policíaca
documentary   la película documental, la película de corto metraje
drama   el drama
film   la película
folkloric   folklórico
horror movie   la película horrífica
intermission   el descanso
lighting   el alumbrado
melodrama   el melodrama
movie theater   el cine
movies   el cine
musical   la película musical
musical revue   la revista musical, las variedades
native Spanish operetta   la zarzuela
newsreel   el noticiario
opera   la ópera
orchestra seat   la butaca de patio
performance   la sesión
pornographic film   la película pornográfica
premiere   el estreno
price   el precio

(to)   *project*   proyectar
     row   la fila
     scene   la escena
     science fiction film   la película de ciencia-ficción
     screen   la pantalla
     seat (in a theater)   la butaca, el asiento
(to)   *sell*   vender
     session   la sesión
     set   el decorado
     showing (movies) at scheduled times   la sesión numerada
     side   el lado
     spectators   el público, los espectadores
     stage   el escenario
     theater   el teatro
     ticket   la entrada, el boleto
     ticket seller   el (la) taquillero(-a)
     ticket window   la taquilla, la boletería
     tragedy   la tragedia
     western   la película del «far west»
     work   la obra

Los deportes (Capítulo 20)

     alpine skiing   el esquí alpino
     ball   el balón, la pelota
     base   la base
     baseball   el béisbol
     basket   el cesto, el canasto
     basketball   el baloncesto
     bat   el bate
(to)   *bat*   batear
(to)   *bathe*   bañarse
     batter   el bateador
     beach   la playa
(to)   *block*   bloquear
     boot   la bota
(to)   *break service*   romper el servicio
(to)   *catch*   atrapar
     catcher   el receptor
     chairlift   el telesilla
     court (tennis)   la cancha;   *(basketball)*   la pista
     cross-country skiing   el esquí nórdico

(to)   *defeat*   derrotar
     diving   el buceo
     doubles (tennis)   dobles
     field   el campo
     forward (soccer)   el delantero
     game   el juego, el partido
     glove   el guante
     goal   el tanto, el gol
     goalie   el portero, el guardameta
     grandstand   la tribuna
     home plate   el platillo
     homerun   el jonrón
     horse   el caballo
     horseback rider (female)   la amazona;   *(male)*   el jinete
     inning   la entrada
(to)   *intercept*   interceptar
     jump   la valla
     kick   la patada
     left wing (soccer)   el ala izquierda
     net   la red
(to)   *oppose*   jugar contra
     period (soccer)   el tiempo
     pertaining to horses and horseback riding   el hipismo
     pitcher   el lanzador, el pícher
(to)   *play*   jugar
     player   el (la) jugador(a)
     point   el punto
     pool   la piscina, la alberca
     racquet   la raqueta
     referee   el árbitro
(to)   *return (ball)*   rebotar
(to)   *ride horseback*   montar a caballo
     riding hat (helmet)   el casco
     right wing (soccer)   el ala derecha
     rim (of net in basketball)   el aro
     run (baseball)   la carrera
     saddle   la silla de montar
(to)   *score*   anotar, meter un gol, marcar un tanto, hacer un gol
     scoreboard   el cuadro indicador
     sea   el mar
(to)   *serve (tennis)*   servir
     shot   el tiro
     singles (tennis)   simples
     ski, skiing   el esquí

ski jacket   el anorak
ski pole   el bastón
soccer   el fútbol
spectator   el (la) espectador(a)
stadium   el estadio
(to)   *sunbathe*   tomar el sol
surfing   el surf
(to)   *swim*   nadar
swimming   la natación
T-bar (ski lift)   el telesquí
team   el equipo
tennis   el tenis
tennis player   el (la) tenista
tie (score)   empatado
water skiing   el esquí acuático
(to)   *whistle*   silbar
(to)   *win*   ganar
wind surfing   la plancha de vela

La familia (Capítulo 21)

aunt   la tía
(to)   *be named*   llamarse
brother   el hermano
brother-in-law   el cuñado, el hermano político
children   los hijos
cousin   el (la) primo(-a)
daughter   la hija
daughter-in-law   la nuera
family   la familia
father   el padre
father-in-law   el suegro
grandchildren   los nietos
granddaughter   la nieta
grandfather   el abuelo
grandmother   la abuela
grandparents   los abuelos
grandson   el nieto
great-grandchild   el (la) biznieto(-a)
great-granddaughter   la biznieta
great-grandfather   el bisabuelo

great-grandmother   la bisabuela
great-grandparents   los bisabuelos
great-grandson   el biznieto
groom   el novio
husband   el esposo, el marido
in-laws   los suegros, los padres políticos
maternal *(on mother's side)*   materno
mother   la madre
mother-in-law   la suegra
nephew   el sobrino
niece   la sobrina
nursing home   el asilo (hogar) de ancianos
parents   los padres
paternal *(on father's side)*   paterno
relative   el (la) pariente
sister   la hermana
sister-in-law   la cuñada, la hermana política
son   el hijo
son-in-law   el yerno
uncle   el tío
wife   la esposa, la mujer

La vivienda (Capítulo 22)

air conditioning   el aire acondicionado
apartment   el apartamento, el apartamiento, el departamento, el piso
attic   el ático
basement   el sótano, la cueva
bathroom   el baño, el cuarto de baño
bedroom   el dormitorio, la recámara, la alcoba, el cuarto, la habitación
brick   el ladrillo
(to) *buy*   comprar
cement   el hormigón
dwelling   la vivienda
floor   el piso
garage   el garaje
heat   la calefacción
house   la casa
kitchen   la cocina
(to) *live*   vivir

living room   la sala
loan   el préstamo
manor house   la casa solariega
monthly   mensual
monthly payment   la mensualidad
mortgage   la hipoteca
neighborhood   la vecindad
outskirts   las afueras
owner   el (la) dueño(-a), el (la) propietario(-a)
patio   el patio
private   particular, privado
rent   el alquiler
(to)   *rent*   alquilar, rentar, arrendar
room   el cuarto, la habitación, la pieza
running water   el agua corriente
stone   la piedra
suburbs   los suburbios
surrounding areas   los alrededores, las cercanías
tenament   el caserío
tenant   el (la) inquilino(-a), el (la) arrendatario(-a)
wood   la madera

La educación (Capítulo 23)

algebra   el álgebra (*f.*)
anatomy   la anatomía
anthropology   la antropología
arithmetic   la aritmética
biology   la biología
book   el libro
bookstore   la librería
botany   la botánica
calculus   el cálculo
chemistry   la química
class   la clase
classroom   el aula
course   el curso, la asignatura
department   la facultad
elective   facultativo
exam   el examen

fees (registration)   los derechos de matrícula
first day of classes   la apertura
geography   la geografía
geometry   la geometría
grade   la calificación
history   la historia
laboratory   el laboratorio
law   el derecho, las leyes
lecture   la conferencia
lecture hall   la sala de conferencias
liberal arts   filosofía y letras
library   la biblioteca
main office (university)   la rectoría
(to)   *major in*   especializarse
mathematics   las matemáticas
medicine   la medicina
natural sciences   las ciencias naturales
notebook   la libreta, el bloc
notes   los apuntes
(to)   *pass (a course)*   aprobar, salir bien
physics   la física
prerequisite   el requisito
professor   el (la) profesor(a), el (la) catedrático(-a)
psychology   la sicología
(to)   *register*   matricularse, inscribirse
required course   el requisito
result   el resultado
schedule   el horario
scholarship   la beca
school   la escuela, la facultad
sciences   las ciencias
second-hand   de segunda mano, de ocasión
semester   el semestre
seminar   el seminario
social sciences   las ciencias sociales
sociology   la sociología
student   el (la) estudiante
(to)   *study*   estudiar
test   la prueba
textbook   el (libro de) texto
trigonometry   la trigonometría
tuition   los derechos de matrícula
university   la universidad
zoology   la zoología

El trabajo (Capítulo 24)

accounting   la contabilidad
actor   el actor
actress   la actriz
administrator   el (la) administrador(a)
advertising   la publicidad
advertising agent   el (la) agente de publicidad
architecture   la arquitectura
artisan   el (la) artesano(-a)
artist's studio   el taller
business   el comercio
business administration   la administración, la gestión
commission   la comisión
company   la compañía, la empresa
computer science   las computadoras, la informática
criminology   la criminología
data processing   la informática, el procesamiento de datos
diploma   el diploma
doctor   el (la) médico(-a)
engineer   el (la) ingeniero(-a)
factory   la fábrica
farm   la finca
farmer   el (la) campesino(-a), el (la) agricultor(a)
field   el campo
finances   las finanzas
flight attendant   el (la) asistente de vuelo, el (la) aeromozo(-a), la azafata
full-time   tiempo completo
hospital   el hospital
interview   la entrevista, la interviú
job   el puesto
job application   la solicitud
lawyer   el (la) abogado(-a)
(to) *major in*   especializarse
marketing   el mercadeo
mathematics   las matemáticas
medicine   la medicina
nurse   el (la) enfermero(-a)
office   la oficina
overtime   las horas extraordinarias
overtime pay   el sobresueldo
part-time   tiempo parcial
personnel   el personal
pilot   el (la) piloto(-a)

politics   la política
real estate agent   el (la) agente inmobilario(-a), el (la) agente de bienes raíces
reference   las referencias
retired person   el (la) jubilado(-a)
salary   el sueldo, el jornal, el salario
salesclerk   el (la) dependiente
secretary   el (la) secretario(-a)
social sciences   las ciencias sociales
store   la tienda
student   el (la) estudiante
teacher   el (la) profesor(a)
teaching   la pedagogía, la enseñanza
technology   la tecnología
temporary employee   el (la) temporero(-a)
tourism   el turismo
travel agent   el (la) agente de viajes
underemployment   el sub-empleo
unemployed person   el (la) desempleado(-a)
unemployment   el desempleo
work   el trabajo
(to)   *work*   trabajar
work force   la población activa
worker   el (la) obrero(-a), el (la) trabajador(a)

La descripción (Capítulo 25)

appearance   la apariencia
aquiline (nose)   aguileño
bald   calvo
(to)   *be years old*   tener...años
black   negro
blond   rubio
blue   azul
brown   castaño
color   el color
curly   rizado
elegant   elegante
eye   el ojo
fat   gordo, grueso, corpulento
figure (physique)   la complexión
funny   cómico
green   verde
hair   el pelo
handsome   guapo

long   largo
messy   descuidado
nationality   la nacionalidad
neat   apuesto
nice   simpático
obese   obeso
pretty   bonito
roman (nose)   roma
red   rojo
refined   fino, culto
stature (height)   la estatura
straight (hair)   lacio, liso
tall   alto
thin   delgado, flaco
unpleasant   antipático
unrefined   basto, ordinario, inculto
wavy (hair)   ondulado
weight   el peso
white-haired   canoso
young   joven

El tiempo (Capítulo 26)

(to)   *be cold (weather)*   hacer frío
(to)   *be hot (weather)*   hacer calor
(to)   *be sunny*   hacer sol, hay sol
(to)   *be windy*   hacer viento
below   bajo
Celsius, centigrade   centígrado
clear   despejado
cloudy   nublado
cold   el frío
degree   el grado
Fahrenheit   farenheit
fall   el otoño
forecast   el pronóstico meteorológico
(to)   *forecast*   pronosticar
heat   el calor
lightning   el relámpago
pleasant   agradable
precipitation   la precipitación
rain   la lluvia

(to) *rain* llover
    sky el cielo
    snow la nieve
(to) *snow* nevar
    snowstorm la nevada
    spring la primavera
    storm la tormenta
    strong fuerte
    summer el verano
    sun el sol
    sunny soleado
    temperature la temperatura
    thunder el trueno
    weather el tiempo
    What's the weather like? ¿Qué tiempo hace?
    wind el viento
    winter el invierno

El crimen (Capítulo 27)

(to) *apprehend* aprehender
(to) *arrest* arrestar
    bladed weapon el arma blanca
    crime el crimen
    criminal el (la) criminal
(to) *cut* cortar
    firearm el arma de fuego
    Help! ¡Socorro!
    knife el cuchillo
    pickpocket el (la) carterista
    pistol la pistola
    police la policía
(to) *report* denunciar
    robbery el robo
(to) *steal* robar
    thief el (la) ladrón (ladrona)
(to) *threaten* amenazar
    trick el truco
    victim la víctima
    wallet la cartera
    weapon el arma *(f.)*

Index

In the following Index, the numbers in bold indicate the page numbers in the Appendix of the vocabulary list for each communicative topic in the book.